O Livro do Violão Brasileiro

(The Brazilian guitar book)

SAMBA, BOSSA NOVA, CHORO e OUTROS ESTILOS

Nelson Faria

Nº Cat.: 418-M

Irmãos Vitale Editores Ltda.
vitale.com.br
Rua Raposo Tavares, 85 São Paulo SP
CEP: 04704-110   editora@vitale.com.br   Tel.: 11 5081-9499

© Copyright 2003 by Sher Music Co.
© Copyright 2012 by Irmãos Vitale Editores Ltda. - São Paulo - Rio de Janeiro - Brasil.
para a língua portuguesa.

Projeto gráfico e capa:
Luciana Mello e Monika Mayer

Composição e diagramação musical:
Júlio César P. de Oliveira

Revisão de texto:
Nerval M. Gonçalves

Revisão musical:
Nico Assumpção, Jean Michel Huré, Ray Scott e Dave MacNab

Foto:
Nelson Faria Filho

Produção em estúdio:
Rodrigo Garcia

Engenheiros de gravação:
Daniel Cheese e Guto Dufrayer

Pré Masterização:
Rodrigo Lopes (Visom Digital)
Gravado nos estúdios *The Cheese factory*

Coordenação Editorial:
Roberto Votta

Produção executiva:
Fernando Vitale

CIP-BRASIL. CATALOGAÇÃO NA FONTE
SINDICATO NACIONAL DOS EDITORES DE LIVROS, RJ

F233L

Faria, Nelson, 1963-
   O livro do violão brasileiro / Nelson Faria. - São Paulo : Irmãos Vitale, 2012.
   132p.

  ISBN 978-85-7407-364-4

  1. Violão - Instrução e estudo. I. Título.

12-7422.   CDD: 787.3193
                                                                                      CDU: 780.614.131

15.10.12   19.10.12   039669

ÍNDICE

Lista dos exemplos gravados (index dos áudios) 9

Sobre o autor 14

Agradecimentos especiais 17

Entendendo o sistema de diagrama dos acordes 18

Lendo os exemplos 18

Nota do autor 19

Parte I ~ Samba

Características gerais 22
  Subdivisões 22
  Características musicais 22

Padrão básico e variações 25
  Padrão básico 25
    Exemplo 25

Variações 26
  Variação 1 26
    Exemplo 27
  Variação 2 27
    Exemplo 28
  Variação 3 28
    Exemplo 1 29
    Exemplo 2 29
    Exemplo 3 30
  Variação 4 31
    Exemplo 1 31
    Exemplo 2 32

Variação 5 32
 Exemplo 33

Variação 6 33
 Exemplo 33

Variação 7 34
 Exemplo 1 34
 Exemplo 2 35
 Exemplo 3 35
 Exemplo 4 35

Variação 8 37
 Exemplo 1 37
 Exemplo 2 38

Variação 9 39
 Exemplo 39

Variação 10 40
 Exemplo 40

Variação 11 41
 Exemplo 41

Variação 12 42
 Exemplo 42

Variação 13 43
 Exemplo 43

Variação 14 44
 Exemplo 44

Variação 15 44
 Exemplo 45

Variação 16 46
 Exemplo 46

Variação 17 47
 Exemplo 47

Exemplo de música *Só te esperando* 48

Exemplo de acompanhamento *Só te esperando* 50

Exemplo de melodia acompanhada (violão solo) *Tristeza* 54

Parte II ∽ Bossa nova

Características gerais 60
Características musicais 60
Clave da bossa nova 61

Padrão básico e variações 62
Padrão básico 62
Exemplo 63

Variações 63
Variação 1 63
Exemplo 64
Variação 2 64
Exemplo 1 64
Exemplo 2 65
Variação 3 65
Exemplo 1 66
Exemplo 2 66
Exemplo 3 67
Variação 4 68
Exemplo 1 68
Exemplo 2 69
Exemplo 3 70
Exemplo 4 71
Variação 5 72
Exemplo 72

Variação 6 73
    Exemplo 73

Exemplo de música *Antes tarde* 74

Exemplo de acompanhamento *Antes tarde* 76

Exemplo de melodia acompanhada (violão solo) *Triste* 80

Parte III ⌇ Choro

Características gerais 84
    Características musicais 84
        Exemplo 84

Padrão básico e variações 86
    Padrão básico 86
        Exemplo 86

Variações 87
    Variação 1 87
        Exemplo 87
    Variação 2 88
        Exemplo 88
    Variação 3 89
        Exemplo 89
    Variação 4 90
        Exemplo 90
    Variação 5 91
        Exemplo 91

Exemplo de música *Influenciado* 92

Exemplo de acompanhamento *Influenciado* 94

Exemplo de melodia acompanhada (violão solo) *Marceneiro Paulo* 96

Parte IV ∞ **Frevo**

Características gerais 100
    Subdivisões 100
    Características musicais 100
        Exemplo 100

Padrão básico e variações 102
    Padrão básico 102
        Exemplo 102

Variações 103
    Variação 1 103
        Exemplo 103
    Variação 2 104
        Exemplo 104
    Variação 3 104
        Exemplo 105
    Variação 4 105
        Exemplo 1 106
        Exemplo 2 106
    Variação 5 107
        Exemplo 107

Exemplo de música *Ioiô* 108

Exemplo de acompanhamento *Ioiô* 110

Parte V ∞ **Baião**

Características gerais 116
    Características musicais 116
        Exemplo 116

Padrão básico e variações 117
   Padrão básico 117
      Exemplo 117

Variações 118
   Variação 1 118
      Exemplo 1 118
      Exemplo 2 119
   Variação 2 120
      Exemplo 120
   Variação 3 120
      Exemplo 120
   Variação 4 121
      Exemplo 121
   Variação 5 122
      Exemplo 122
   Variação 6 122
      Exemplo 123
   Variação 7 123
      Exemplo 123
   Exemplo de música *Baião por acaso* 124
   Exemplo de acompanhamento *Baião por acaso* 126

Bibliografia 131

Lista dos exemplos gravados

Faixa 01	Notas para afinação (E, B, G, D, A, E)	**página**
Faixa 02	**Samba** – Padrão básico	25
Faixa 03	**Samba** – Variação 1	27
Faixa 04	**Samba** – Variação 2	28
Faixa 05	**Samba** – Variação 3 *exemplo 1*	29
Faixa 06	**Samba** – Variação 3 *exemplo 2*	29
Faixa 07	**Samba** – Variação 3 *exemplo 3* – transcrição parcial do violão tocado por Toninho Horta na música *Aquelas Coisas Todas* de Toninho Horta	30
Faixa 08	**Samba** – Variação 4 *exemplo 1* – transcrição parcial do violão tocado por Ivan Lins na música *Desesperar Jamais* de Ivan Lins/ Victor Martins	31
Faixa 09	**Samba** – Variação 4 *exemplo 2*	32
Faixa 10	**Samba** – Variação 5	33
Faixa 11	**Samba** – Variação 6	33
Faixa 12	**Samba** – Variação 7 *exemplo 1*	34
Faixa 13	**Samba** – Variação 7 *exemplo 2*	35
Faixa 14	**Samba** – Variação 7 *exemplo 3* – transcrição parcial do violão tocado por João Bosco na música *Incompatibilidade de gênios* de João Bosco/ Aldir Blanc	35
Faixa 15	**Samba** – Variação 7 *exemplo 4* – transcrição parcial do violão tocado por João Bosco na música *Coisa Feita* de João Bosco/Aldir Blanc / Paulo Emilio	36
Faixa 16	**Samba** – Variação 8 *exemplo 1* – transcrição parcial do violão tocado por Joyce na música *Feminina* de Joyce	37
Faixa 17	**Samba** – Variação 8 *exemplo 2*	38

Faixa 18	**Samba** – Variação 9 – transcrição parcial do violão tocado por Luiz Bonfá na música *Batukada* de Luiz Bonfá	39
Faixa 19	**Samba** – Variação 10	40
Faixa 20	**Samba** – Variação 11	41
Faixa 21	**Samba** – Variação 12 – transcrição parcial do violão tocado por Milton Nascimento na música *Cravo e canela* de Milton Nascimento	42
Faixa 22	**Samba** – Variação 13	43
Faixa 23	**Samba** – Variação 14	44
Faixa 24	**Samba** – Variação 15	45
Faixa 25	**Samba** – Variação 16 – transcrição parcial do violão tocado por Toninho Horta na música *From the lonely afternoons* de Milton Nascimento/Fernando Brant	46
Faixa 26	**Samba** – Variação 17	47
Faixa 27	Exemplo de música *Só te esperando* de Nelson Faria	48
Faixa 28	Exemplo de acompanhamento *Só te esperando* de Nelson Faria	50
Faixa 29	Exemplo de melodia acompanhada (violão solo) – *Tristeza* de Haroldo Lobo	54
Faixa 30	Padrão básico da bossa nova – transcrição parcial do violão tocado por João Gilberto na música *Insensatez* de Tom Jobim	63
Faixa 31	**Bossa Nova** – Variação 1	64
Faixa 32	**Bossa Nova** – Variação 2 – *exemplo 1*	64
Faixa 33	**Bossa Nova** – Variação 2 – *exemplo 2*	65
Faixa 34	**Bossa Nova** – Variação 3 – *exemplo 1*	66
Faixa 35	**Bossa Nova** – Variação 3 – *exemplo 2*	66
Faixa 36	**Bossa Nova** – Variação 3 – *exemplo 3* – transcrição parcial do violão tocado por Oscar Castro Neves na música "Brigas nunca mais" de Tom Jobim	67

Faixa 37	**Bossa Nova** – Variação 4 – *exemplo 1* 68
Faixa 38	**Bossa Nova** – Variação 4 – *exemplo 2* 69
Faixa 39	**Bossa Nova** – Variação 4 – *exemplo 3* 70
Faixa 40	**Bossa Nova** – Variação 4 – *exemplo 4* – transcrição parcial do violão tocado por João Gilberto na música *Esse seu olhar* de Tom Jobim 71
Faixa 41	**Bossa Nova** – Variação 5 – transcrição parcial do violão tocado por Helio Delmiro na música *É com esse que eu vou* de Pedro Caetano 72
Faixa 42	**Bossa Nova** – Variação 6 – transcrição parcial do violão tocado por Roberto Menescal na música *Aquarela do Brasil* de Ary Barroso 73
Faixa 43	Exemplo de música *Antes Tarde* de Nelson Faria 74
Faixa 44	Exemplo de acompanhamento *Antes Tarde* de Nelson Faria 76
Faixa 45	Exemplo de melodia acompanhada (violão solo) – *Triste* de Tom Jobim 80
Faixa 46	**Choro** – Padrão básico 86
Faixa 47	**Choro** – Variação 1 87
Faixa 48	**Choro** – Variação 2 – Transcrição parcial da música *Choros nº 1* de Heitor Villa Lobos 88
Faixa 49	**Choro** – Variação 3 89
Faixa 50	**Choro** – Variação 4 90
Faixa 51	**Choro** – Variação 5 91
Faixa 52	Exemplo de música *Influenciado* de Nelson Faria 92
Faixa 53	Exemplo de acompanhamento *Influenciado* de Nelson Faria/ Zélia Duncan 94
Faixa 54	Exemplo de melodia acompanhada (violão solo) – *Marceneiro Paulo* de Helio Delmiro 96
Faixa 55	**Frevo** – Padrão básico 102

Faixa 56	**Frevo** – Variação 1	103
Faixa 57	**Frevo** – Variação 2	104
Faixa 58	**Frevo** – Variação 3	105
Faixa 59	**Frevo** – Variação 4 – *exemplo 1*	106
Faixa 60	**Frevo** – Variação 4 – *exemplo 2*	106
Faixa 61	**Frevo** – Variação 5	107
Faixa 62	**Exemplo de música** *Ioiô* de Nelson Faria	108
Faixa 63	**Exemplo de acompanhamento** *Ioiô* de Nelson Faria	110
Faixa 64	**Baião** – Padrão básico	117
Faixa 65	**Baião** – Variação 1 – *exemplo 1*	118
Faixa 66	**Baião** – Variação 1 – *exemplo 2* – *Vera Cruz* de Milton Nascimento	119
Faixa 67	**Baião** – Variação 2	120
Faixa 68	**Baião** – Variação 3	120
Faixa 69	**Baião** – Variação 4	121
Faixa 70	**Baião** – Variação 5	122
Faixa 71	**Baião** – Variação 6	123
Faixa 72	**Baião** – Variação 7	123
Faixa 73	**Exemplo de música** *Baião por acaso* de N. Faria/H Stamato/R. Cardoso	124
Faixa 74	**Exemplo de acompanhamento** *Baião por acaso* de N. Faria/H Stamato/R. Cardoso	126
Faixa 75	Tamborim tocando um padrão de samba	xxx
Faixa 76	Pandeiro tocando um padrão de samba	xxx

Faixa 77   Ganzá tocando um padrão de bossa nova xxx

Faixa 78   Clave tocando um padrão de bossa nova xxx

Faixa 79   Pandeiro tocando um padrão de choro xxx

Faixa 80   Pandeiro tocando um padrão de frevo xxx

Faixa 81   Surdo tocando um padrão de frevo xxx

Faixa 82   Triângulo tocando um padrão de baião xxx

Faixa 83   Cowbell tocando um padrão de baião xxx

Faixa 84   Zabumba tocando um padrão de baião xxx

Sobre o autor

Nascido em 23 de março de 1963, na cidade de Belo Horizonte – MG, Nelson Faria é um dos mais expressivos músicos brasileiros, contando em seu currículo a edição de seis livros didáticos, sendo dois editados nos EUA, Japão e Itália; 11 CDs; um DVD; uma videoaula *(Toques de mestre)*; além da participação em mais de 150 CDs de diversos artistas nacionais e internacionais como músico e arranjador. Também assina o modelo de guitarra Condor Nelson Faria Signature (JNF-1), desenvolvido pelo artista em parceria com a renomada fábrica de instrumentos.

Iniciou seus estudos com Sidney Barros (Gamela), professor responsável por despertar seu gosto pelo estilo *chord melody*. Mudou-se, em 1983, para Los Angeles, EUA, onde cursou o Guitar Institute of Technology (GIT) e teve o privilégio de aprender com os mestres Joe Pass, Joe Diorio, Frank Gambale, Scott Henderson, Howard Roberts, Ron Eschete e Ted Greene. De volta ao Brasil, tornou-se um dos instrumentistas brasileiros mais requisitados para gravações, shows e *workshops*, desenvolvendo paralelamente trabalhos no exterior como instrumentista e arranjador.

Entre os artistas com quem trabalhou, nos palcos ou em estúdios, destacam-se João Bosco, Cássia Eller, Gonzalo Rubalcaba, Ivan Lins, Till Broenner, Zélia Duncan, Ana Carolina, Milton Nascimento, Toninho Horta, Tim Maia, Leila Pinheiro, Nico Assumpção, Gilson Peranzzetta, Paulo Moura, Wagner Tiso, Edu Lobo, Fátima Guedes, Karolina Vucidolac, Josee Konning, Lisa Ono, Baby do Brasil, Pascoal Meirelles, Antonio Adolfo, Nivaldo Ornelas, Mauro Senise, Maurício Einhorn, entre outros, acumulando apresentações no Brasil, Japão, Estados Unidos, Canadá, Israel, Argentina, Portugal, Espanha, França, Alemanha, Áustria, Macedônia, Itália, Turquia, Suécia, Noruega, Dinamarca, Lituânia, Estônia, Finlândia, Suíça, Holanda, Eslovênia, Bósnia, Inglaterra, Malásia, Indonésia, Ilha de Malta, República Dominicana, Colômbia, Ilhas Canárias, Ilha da Madeira, Martinica e República Checa.

Destacam-se em seus trabalhos como arranjador os CDs *Nelson Faria & Hr-Bigband live in Frankfurt* e *Malabaristas do sinal vermelho*; e o DVD *Obrigado gente*, de João Bosco, ambos indicados ao Grammy Latino; além de, como arranjador e compositor, ter trabalhado com a KMH Jazz Orquestra (Suécia), UMO Jazz

Orchestra (Finlândia), Brass'n Fun Big Band (Alemanha), Kicks'n Sticks Big band (Alemanha), Frost Jazz Orchestra (EUA), Hr-Bigband (Alemanha), CODARTS Big Band (Holanda), 2 O'Clock Big Band (Amsterdam), Orquestra Bons Fluidos e Orquestra Jazz Sinfônica (SP).

Apresentou-se nos mais importantes festivais internacionais de jazz, como North Sea Jazz Festival (Holanda), Montreal Jazz Festival (Canadá), Montreaux Jazz Festival (Suíça), San Francisco Jazz Festival (EUA), Miami Festival (EUA), Jazz a Vienne (França), Marcelle Jazz Festival (França), Tel Aviv Jazz Festival (Israel), Sarajevo Jazz Festival (Bósnia), Free Jazz Festival (Brasil), Kaunas Jazz Festival (Lituânia), Skope Jazz Festival (Macedônia), Malta Jazz Festival (Malta), Funchal Jazz Festival (Madeira), Frascatti Jazz Festival (Itália), Java Jazz Festival (Indonésia), Penang Jazz Festival (Malásia), Vicenza Jazz Conversations (Itália), entre outros.

Em 2001, agraciado com a Bolsa Virtuose, concedida pelo Ministério da Cultura, participou do programa BMI Jazz Composers Workshop, em Nova York – EUA, tendo como professores Manny Albam, Jim McNeely e Michael Abene. Durante os meses em que esteve na cidade americana, participou de várias gravações com músicos nova-iorquinos e brasileiros, apresentando-se em inúmeros clubes de jazz e no Kennedy Center, em Washington DC – EUA.

Como educador, Nelson Faria também acumula muitos projetos bem-sucedidos. Entre 1987 e 1999, lecionou disciplinas de arranjo, harmonia, improvisação e guitarra na faculdade de música da Universidade Estácio de Sá e no Curso Ian Guest de Aperfeiçoamento Musical (Cigam), ambos no Rio de Janeiro – RJ. Paralelamente, ministrou inúmeros cursos e workshops em todo o país, entre os quais destacam-se o I Seminário Brasileiro de Música Instrumental (Ouro Preto – MG), o Curso Internacional de Verão de Brasília – DF, o Festival de Música da Universidade do Rio Grande do Norte – RN, Oficina de Música de Itajaí – SC, EM&T (Escola de Música e Tecnologia) – SP, Conservatório Souza Lima – SP, Festival Internacional de Domingos Martins – ES, Festival de Ibiapaba e Oficina de MPB de Curitiba – PR.

No exterior, Nelson Faria também atuou como professor convidado nas Universidades Manhattan School of Music (NY – EUA), New School of Music (NY – EUA), Berklee College of Music (Boston – EUA), University of Southern California (LA – EUA), University of Miami (FL – EUA), San Francisco State University (CA – EUA), Stockholm Royal College of Music – KMH (Suécia), Göteborgs Universitet (Suécia), Ingesund Universitet (Suécia), Malmö Universitet (Suécia), Sibelius Academy (Finlândia), Conservatorium van Amsterdam (Holanda) e Rotterdam Conservatory (Holanda). Realizou também workshops na International Association of Jazz Educators (IAJE), NY – EUA.

Nelson Faria mora, desde janeiro de 2010, na Suécia, onde trabalha como professor na Örebro Universitet.

Trabalhos publicados:

● LIVROS:

- *A arte da improvisação (Irmãos Vitale/Lumiar, 1991)*
- *The Brazilian Guitar Book (Sher Music Co.; Arikita Music – Japan, 1996; Marco Volonte – Itália, 2010)*
- *Escalas, arpejos e acordes para violão e guitarra (Irmãos Vitale/Lumiar, 1999)*
- *Inside the Brazilian Rhythm Section (Sher Music Co.; ATN Music – Japan, 2002)*
- *Toque junto bossa nova (Irmãos Vitale / Lumiar, 2008)*
- *Harmonia aplicada ao violão e à guitarra (Irmãos Vitale, 2010)*

● CDs:

- *Ioiô (Perfil Musical, 1993)*
- *Nelson Faria (Independente, 2003)*
- *Beatles, um tributo brasileiro (Solo Music, 1998), com o pianista José Namen*
- *Janelas abertas (Lumiar Discos, 1999), em duo com a cantora Carol Saboya*
- *Três / Three (Independente, 2000), em trio com Nico Assumpção e Lincoln Cheib*
- *Vento bravo (Delira Música, 2005), em trio com Kiko Freitas e Ney Conceição*
- *Buxixo (Delira Música, 2009), em duo com o pianista Gilson Peranzzetta*
- *Banda Pequi, Nelson Faria e Leila Pinheiro (UFG, 2010)*
- *Nelson Faria & Hr-Bigband live in Frankfurt (NFMUSIC, 2011)*
- *Na esquina de mestre Mignone (TF Music, 2012), em duo com Gustavo Tavares*
- *Céu e mar (Far Out Records, 2012), em duo com Leila Pinheiro*

● VIDEOAULA:

- *Toques de mestre (Giannini, 1991)*

● DVD:

- *Nosso trio ao vivo (Delira Música, 2006), em trio com Kiko Freitas e Ney Conceição*

Agradecimentos especiais

Ao meu amigo e editor Almir Chediak *(in memoriam)*, que sempre apoiou e incentivou minhas produções didáticas e artísticas. Almir deixou uma obra editorial que é um divisor de águas na cultura brasileira.

À editora Irmãos Vitale e a toda equipe, pela enorme contribuição à cultura e ao ensino da música no Brasil, e por dar continuidade ao trabalho de Almir com muito profissionalismo e dedicação.

À minha mãe, minha primeira influência musical.

Aos amigos que incentivaram a primeira edição deste livro, na época em inglês, pela Sher Music Co., Bill Gable, Nico Assumpção *(in memorian)*, Marco Lobo, Airton Fatorelli, Rodrigo Garcia, Chuck Sher e todo o *staff* da Sher Music Co.

Aos meus professores Sidney Barros (Gamela), Joe Diorio, Ted Greene e todo o staff do GIT.

À minha esposa, Andréa, e aos meus filhos, Nelsinho, João Felipe e Juliana.

Entendendo o sistema de diagrama dos acordes

Ler os acordes na pauta para violonistas pode ser mais complicado que tocá-los na prática (por causa das muitas possibilidades de digitação).
Por tanto para aqueles que se sentem mais confortáveis com "carimbos" de acordes, apresento aqui o sistema de diagramas que utilizo neste livro.

Carimbo do acorde (diagramas):

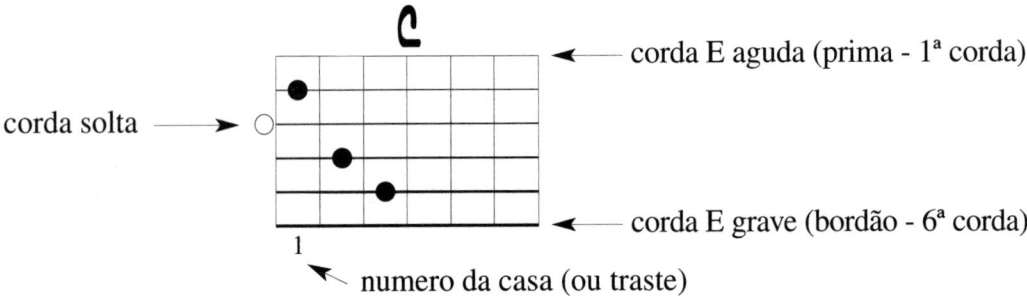

Lendo os exemplos

Muitas vezes é bem mais fácil TOCAR do que LER os exemplos musicais. Portanto eu faço duas recomendações antes de você começar a trabalhar neste livro:

1. Ouvir os áudios enquanto lê o livro.

2. Entender e ser capaz de tocar os padrões rítmicos e as variações antes de aplicá-las nos exemplos musicais. Uma vez que você está à vontade para tocar, desfrute a música!

Informativo

● Todas as músicas e exemplos musicais foram tocados por Nelson Faria. As percussões foram tocadas por Marco Lobo.

● **Marco Lobo**: Nascido em Salvador (Bahia), Marco Lobo é um dos melhores percussionistas da nova geração. Tem trabalhado com alguns dos mais importantes artistas brasileiros como Milton Nascimento, João Bosco, Ivan Lins, Marisa Monte, Djavan, Gilberto Gil, Daniela Mercury e outros.

● Este livro foi editado originalmente em inglês pela *Sher Music* em 1996.
Em 2003, foi traduzido para o japonês e lançado no Japão pela *Arikita Music*.
Em 2010, foi traduzido para o italiano e lançado na Itália pela *Volante&Co*.
Agora, a editora Irmãos Vitale/Lumiar faz a versão em português, trazendo um vasto material de pesquisa para os músicos e amantes da música brasileira.

Nota do autor

Acredito que a experiência de se aprender um novo estilo musical, tem um paralelo com o aprendizado de uma nova lingua. Ou seja, você deve ouvir para entender como soa um determinado estilo, antes de tentar reproduzir o que está escrito em um livro. Desta maneira, aconselho que você ouça cada um dos exemplos gravados nos áudios, juntamente com a leitura das partes.
Assim você terá uma noção mais completa da informação a ser absorvida.

Acho importante também, que você ouça artistas e músicos que formaram a base de um determinado estilo. Ouvindo seus discos e assistindo seus shows, você poderá "mergulhar" no ambiente e aprender de uma forma quase que orgânica um determinado estilo musical. Durante os exemplos deste livro, cito vários nomes de artistas que devem ser consultados. Boa sorte!

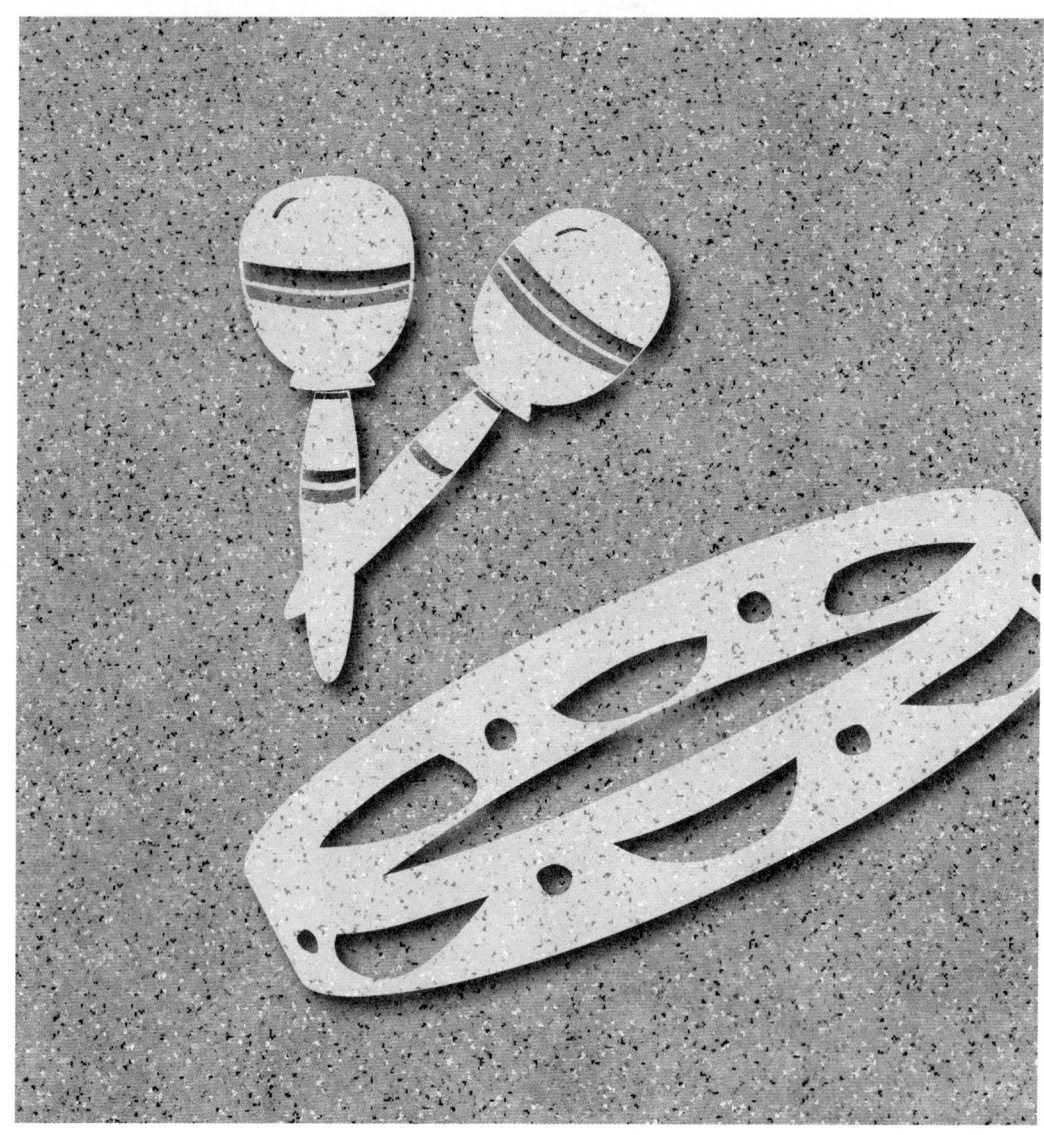

Samba

- Características Gerais
- Padrão Básico e Variações
- Exemplo de Música
- Exemplo de Acompanhamento
- Exemplo de Melodia Acompanhada *(Violão Solo)*

Samba

Características Gerais:

Basicamente voltado para a dança, o samba teve sua origem no inicio do século XX no Rio de janeiro, São Paulo e Bahia. Seus precursores são Francisco Alves, Henrique Volenger, Araci Cortes e Donga (compositor de *Pelo Telefone* primeiro samba gravado - 1917)

Basicamente compostas em compasso binário, as melodias do samba e o seu acompanhamento são extremamente sincopados. O contraste existente entre o pulso marcado nos tempos 1 e 2, (com acento no tempo 2) e as muitas figuras sincopadas da melodia e dos instrumentos de percussão fazem a polirritimia que caracteriza o balanço do samba.

Podemos dividir a seção rítmica do samba em três níveis polirrítmicos simultâneos: Os surdos tocam os tempos 1 e 2, os chocalhos, pandeiros, caixas, reco-recos e ganzás tocam as semicolcheias e os instrumentos de acentuação (tamborins, agogos, cuicas) tocam os acentos das síncopas.

Subdivisões

Samba enredo, partido alto, samba-canção, samba de breque, samba-funk, samba batucata, pagode etc...

Características Musicais

Melodicamente e harmonicamente, as composições de samba tendem a ser simples, com enfoque para a complexidade na parte rítmica, pelo uso das síncopas.

O samba é normalmente escrito em compasso 2/4, porém algumas vezes encontramos o uso de 2/2 ou ainda 4/4. Existem também algumas variações usadas contemporaneamente de samba como 3/4 e 7/8.

No exemplo a seguir, demonstro a transformação de uma figura rítmica simples em uma figura rítmica sincopada. Nas melodias de samba você encontrará a síncopa em praticamente todos os tempos.

Características Gerais

Acrescentando uma síncope de semicolcheia para cada tempo, esta figura:

Se torna esta...

E esta...

E esta...

E finalmente esta:

Esta última figura (sincopando todos os tempos do compasso) é um clichê rítmico que você encontrará em quase todas as melodias de samba. Como sugestão, pratique esta figura até que ela se torne familiar e intuitiva para você.

Exemplos

Estes são alguns exemplos do uso freqüente da síncopa nas melodias do samba e da bossa nova.

Na cadência do samba (Ataulfo Alves)

Samba

Desafinado (A. C. Jobim / Newton Mendonça)

Cravo e canela (Milton Nascimento)

Coisa nº 10 (Moacyr Santos / Mário Telles)

Tempo feliz (Baden Powell)

Coisa Feita (João Bosco)

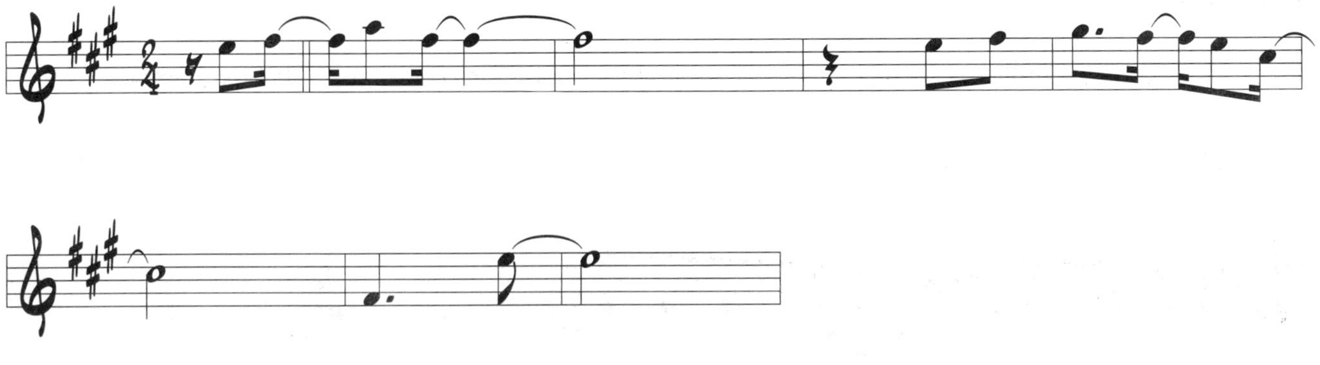

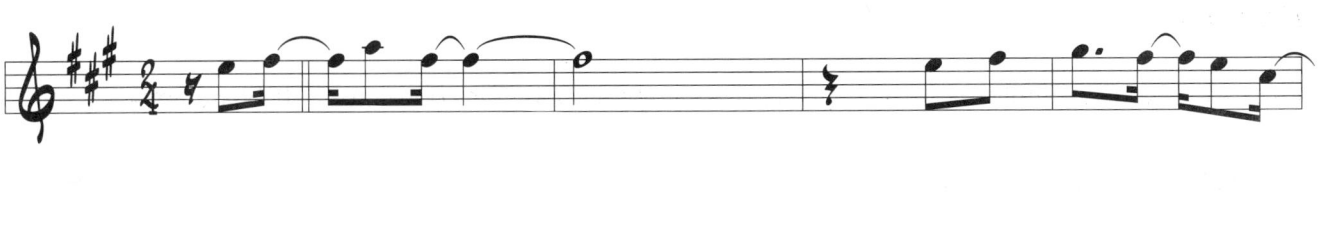

PADRÃO BÁSICO E VARIAÇÕES

1. *Padrão básico:*

No violão, os padrões para mão direita são basicamente simulações do que acontece na seção rítmica do samba. Os dedos "i" "m" e "a" que tocam as notas mais agudas do acorde, são responsáveis pelas figuras sincopadas, e o polegar (que toca o baixo do acorde) toca as notas no tempo.

dedos *i, m* e *a*
polegar

As notas do baixo se alternam entre a fundamental e a quinta do acorde e é sempre uma melhor escolha tocar a quinta abaixo (na oitava inferior) da fundamental. Caso a fundamental do acorde esteja na sexta corda, deve-se manter a mesma nota para os dois tempos do compasso.

Você pode praticar estes padrões rítmicos e suas variações **apenas** com a mão direita, deixando as cordas soltas ou abafando-as com a mão esquerda. Como sugestão, tente usar os padrões com acordes do tipo $\frac{6}{9}$ ou m7(9) ou então aplicando em progressões tipo II V I ou retornos harmônicos.

É também uma boa idéia praticar sem o instrumento, batendo **palmas** para as vozes superiores e os **pés** para as vozes inferiores.

Exemplo

Este exemplo aplica o padrão básico do samba em uma progessão típica usada no samba: Acorde maior com uma linha interna ascendente e descendente a partir da quinta do acorde.

Faixa 02

Samba

2. *Variações:*

Nesta seção, após cada variação você encontrará um exemplo prático para aplicação das variações em progressões harmônicas típicas do repertório do samba.

Cada variação pode ser tocada durante uma música inteira, ou você poderá fazer o uso de outras variações para criar interesse. É muito comum o uso de uma variação no final de uma frase ou seção da música.

Variação #1

Esta variação é um padrão extendido (2 compassos). Para simularmos o instrumento agogô, podemos tocar variando entre notas agudas e graves dos acordes, como sugerido no exemplo.

Note que a "variação #1" é o padrão básico do samba no primeiro compasso e seu espelho no segundo compasso.

Você também pode sincopar a primeira nota de uma colcheia:

Exemplo

Neste exemplo que usa a progressão I VI II V com a nota A pedal, apliquei a variação #1 com e sem o uso da síncopa.

Variação #2

Neste exemplo interpolo o uso de notas agudas e graves simulando o desenho melódico do agogô.

Você pode usar a variação #2 também com a sincopa de colcheia para o primeiro tempo.

～ Samba

Exemplo

Neste exemplo você pode praticar a variação com ou sem o uso da síncopa de colcheia.

Variação #3

Neste exemplo uso o mesmo padrão da variação #2 porém deslocando para a nota do baixo a síncope do segundo compasso.

Você pode usar tambem a síncopa de colcheia para o primeiro tempo.

Padrão Básico e Variações

Exemplo 1

Faixa 05

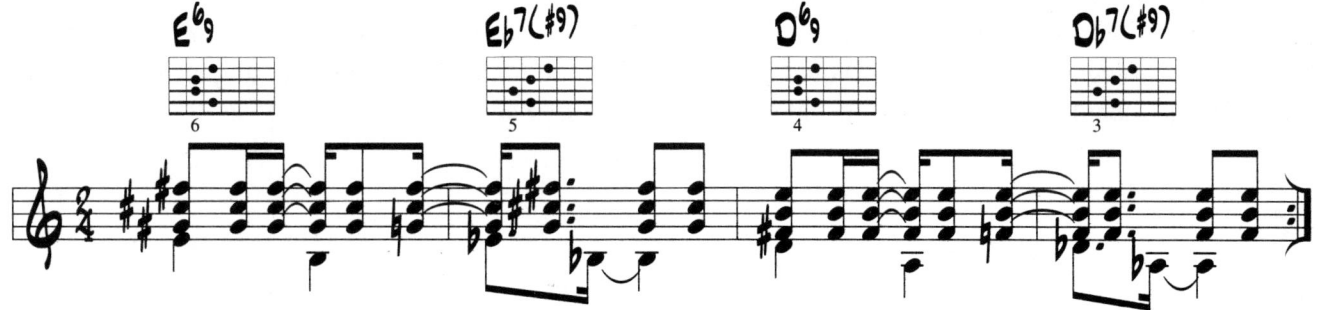

Exemplo 2

A mesma progressão do exemplo 1, porém com a síncopa de colcheia.

Faixa 06

Samba

Exemplo 3

Este exemplo é a transcrição do violão tocado por Toninho Horta na introdução da música *Aquelas Coisas Todas* (Toninho Horta) de acordo com a gravação no disco *Terra dos Pássaros* de Toninho Horta e Orquestra Fantasma - terra dos pássaros 1979.

É baseado na variação #3 com uma linha do baixo sincopada.

Para manter o balanço do samba e tocar a linha do baixo ao mesmo tempo, você deve tocar a linha do baixo com o polegar "p" (mão direita) quando ela ocorre como uma linha melódica independente e com o indicador "i" quando a nota do baixo acontecer em bloco com o acorde.

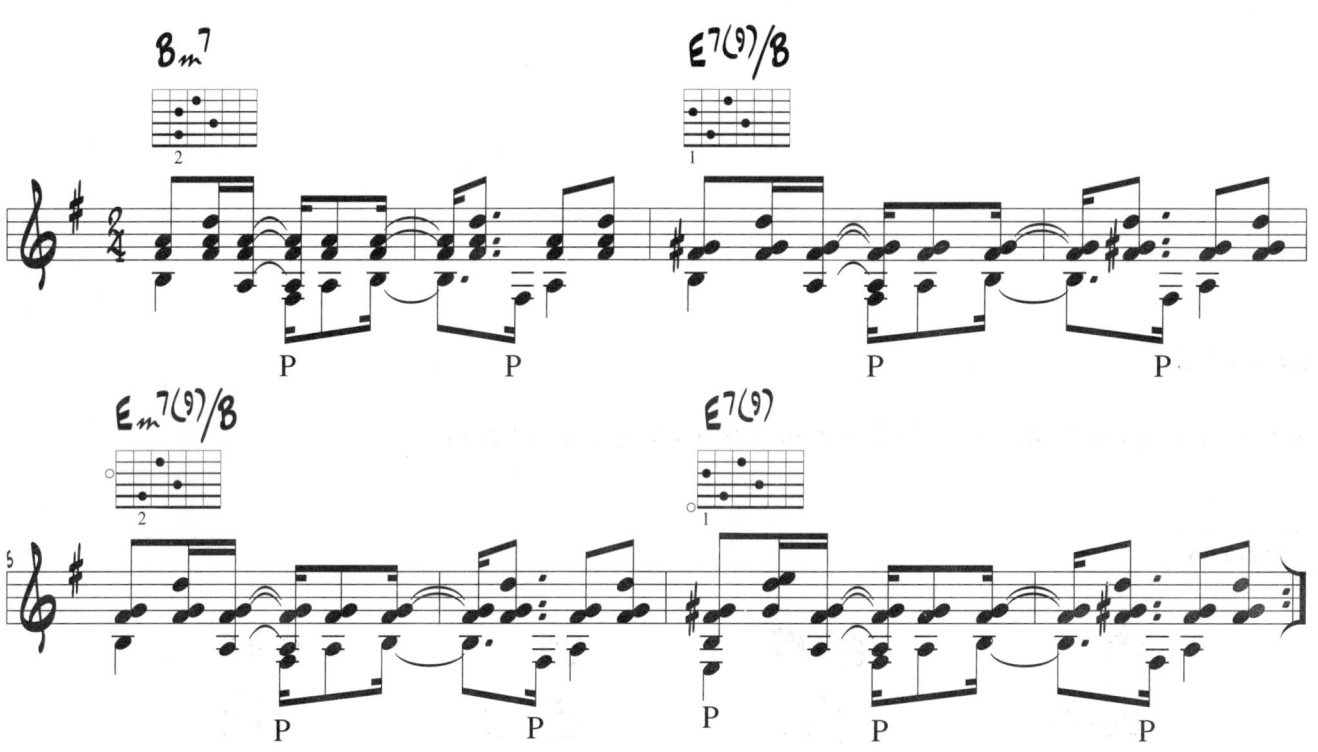

"P" = polegar da mão direita;
Para facilitar a execução, os acordes devem ser digitados (mão esquerda) do agudo para o grave com os dedos 3-1-4-2

Padrão Básico e Variações

Variação #4

Nesta variação usamos mais uma vez a síncope no baixo. Isto simula as frases tocadas pelo repinique (ou repique) e surdo de corte (ou de terceira).

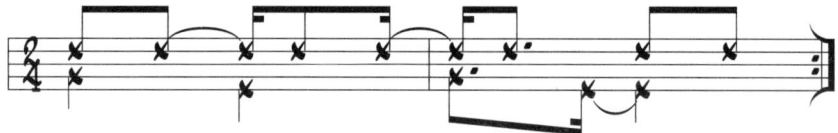

Você também pode sincopar o primeiro tempo em uma colcheia.

Exemplo 1

Este exemplo é a transcrição do violão tocado por Ivan Lins na música *Desesperar Jamais* (Ivan Lins / Victor Martins) no disco *Ivan Lins, A noite* - EMI 1979

Repare no uso de acordes com cordas soltas e a alternância entre partes graves e agudas do acorde para simular o agogô.

Faixa 08

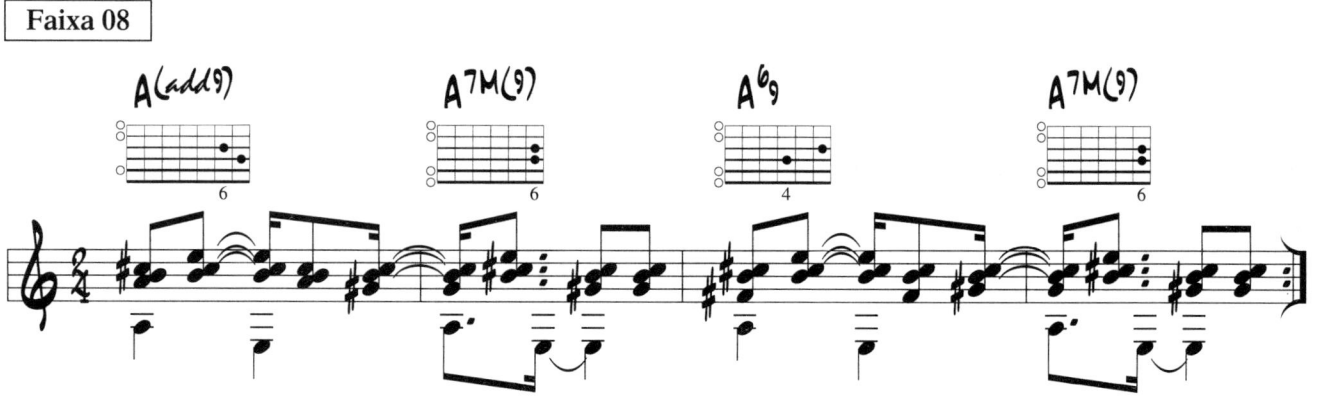

Samba

Exemplo 2

Este exemplo é baseado no padrão básico do samba, usando a variação #4 nos dois últimos compassos. A progressão harmônica usada é muito comum em composições de samba.

Variação #5

Esta variação é um clichê tipicamente usado pelos tamborins.

Padrão Básico e Variações

Exemplo

Aqui você encontra a variação #5 aplicada a um ciclo de dominantes.

Faixa 10

Variação #6

Esta variação é o resultado da síncopa de semicolcheia aplicada em cada tempo do compasso. Isto faz um forte contraponto entre os acordes tocados no contratempo e as notas do baixo tocadas nos tempos fortes.

Exemplo

Neste exemplo a variação #6 é aplicada a um ciclo de dominantes com o uso de dominantes substitutos (sub V7). O uso de sub V7 é muito característico na música brasileira, em especial no samba e bossa nova.

Faixa 11

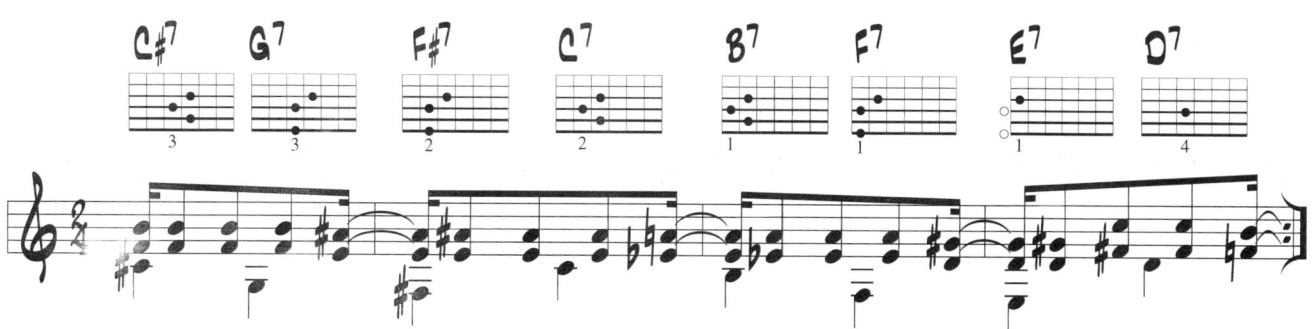

Samba

Variação #7

Esta variação é o padrão comumente conhecido como Partido Alto

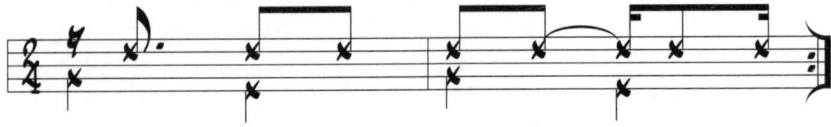

Você pode também usá-lo fazendo uma síncope de colcheia para o segundo tempo do primeiro compasso.

Exemplo 1

Note que a harmonia muda na última semicolcheia do padrão, mesmo não estando ligada ao compasso seguinte, dando a sensação da síncopa.

Faixa 12

Padrão Básico e Variações

Exemplo 2

Você também pode alternar entre vozes agudas e graves do acorde para simular o instrumento "agogô".

Faixa 13

Exemplo 3

Este exemplo é a transcrição do violão tocado pelo compositor João Bosco na introdução da música *Incompatibilidade de Gênios* (João Bosco / Aldir Blanc) como gravado no disco *Galos de Briga* - RCA 1976.

Faixa 14

Exemplo 4

O exemplo a seguir é a transcrição dos primeiros 22 compassos do violão tocado por João Bosco na música *Coisa Feita* (João Bosco / Aldir Blanc / Paulo Emílio) como gravada no disco *Comissão de Frente* - Ariola Discos 1982.

Samba

Faixa 15

Variação #8

No exemplo abaixo uso o recurso do "compasso de entrada", também conhecido como "pick up bar", onde é utilizado um compasso em colcheias, sem síncope, para iniciar o padrão.

Você também pode utilizar o baixo sincopado

Exemplo 1

Este exemplo é a transcrição do violão tocado por Joyce na música *Feminina*, como gravado no disco *Feminina* EMI 1980.

Faixa 16

～ Samba

Exemplo 2

Para adicionar interesse neste exemplo, você encontrará o uso de pausas e uma variação nova nos 2 últimos compassos do exemplo. Este exemplo também foi embelezado pelo uso de acordes com cordas soltas, uma das características do violão brasileiro.

Faixa 17

Variação #9

Esta variação é um padrão de 4 compassos, misturando ritmos sincopados e não sincopados, gerando um padrão no estilo "samba batucada".

Exemplo

Este exemplo é a transcrição do violão tocado por Luiz Bonfá na música *Batukada* do disco *The Bonfá Magic* - Cajú discos 1991.

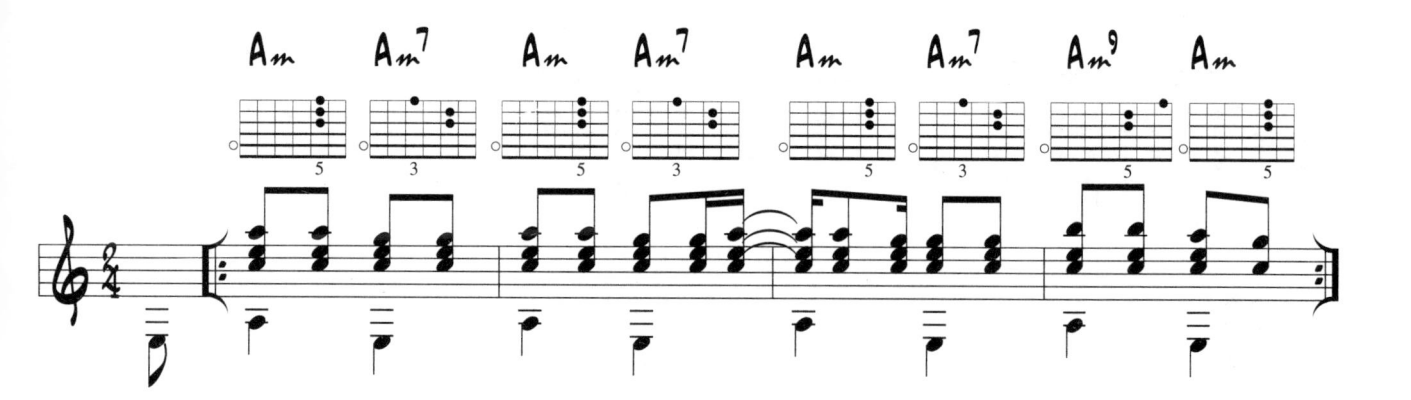

Faixa 18

Samba

Variação #10

Esta variação mostra o tipo de desenho rítmico de semicolcheias, normalmente tocado pela caixa, ganzá e reco-reco.

Exemplo

Este exemplo é a aplicação da variação #10 em uma progressão harmônica do tipo II - V - I - VI que acontece normalmente nos últimos compassos de uma música.

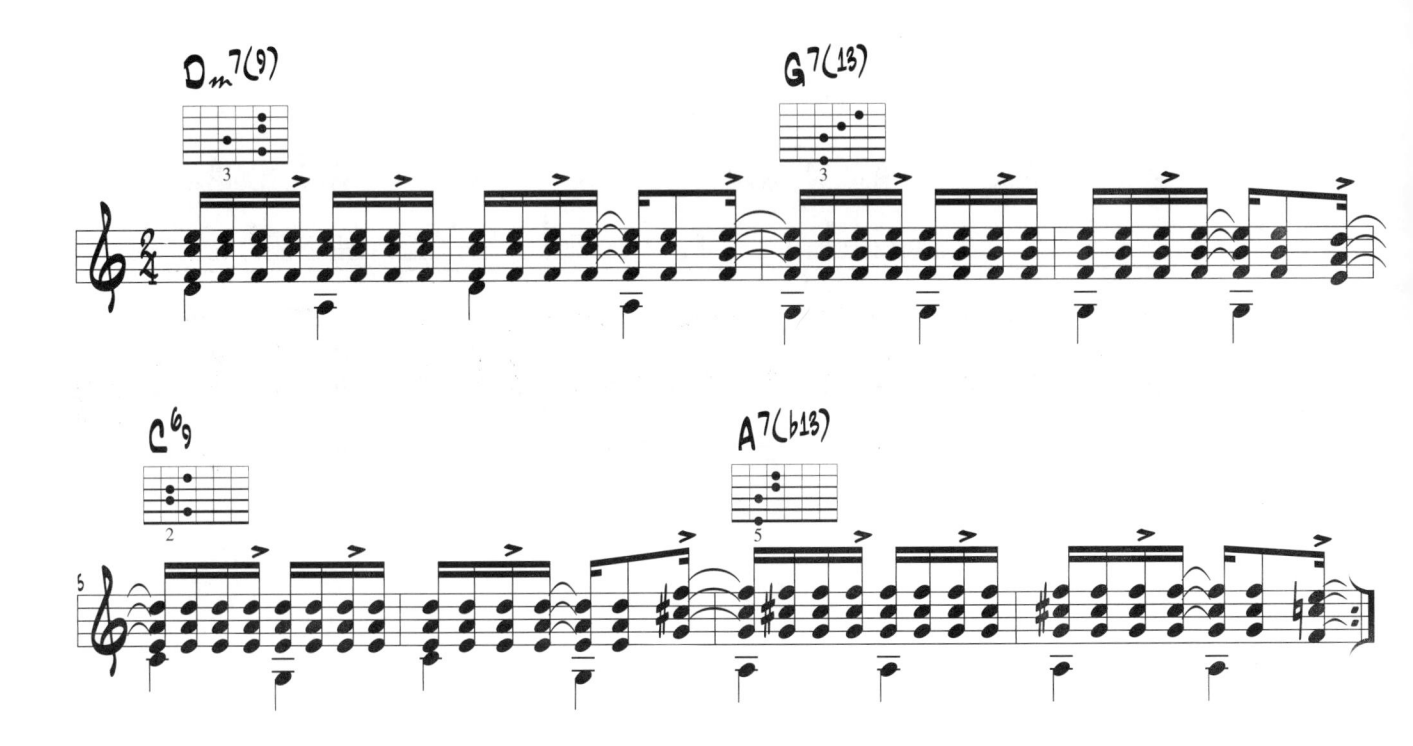

Faixa 19

Variação #11

Este exemplo é um padrão de samba em compasso ternário (3/4). Este tipo de compasso para o samba é utilizado em formas mais contemporâneas de composição.

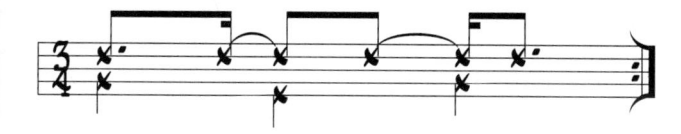

Este padrão também pode ser sentido como uma figura de "4 contra 3".

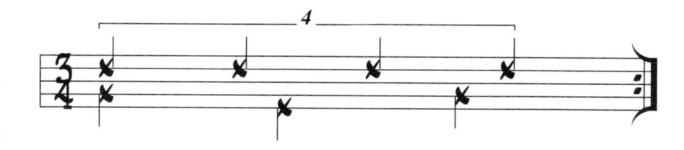

Exemplo

Este exemplo aplica o padrão #11 a uma progressão do tipo V - I com o uso de baixo pedal.

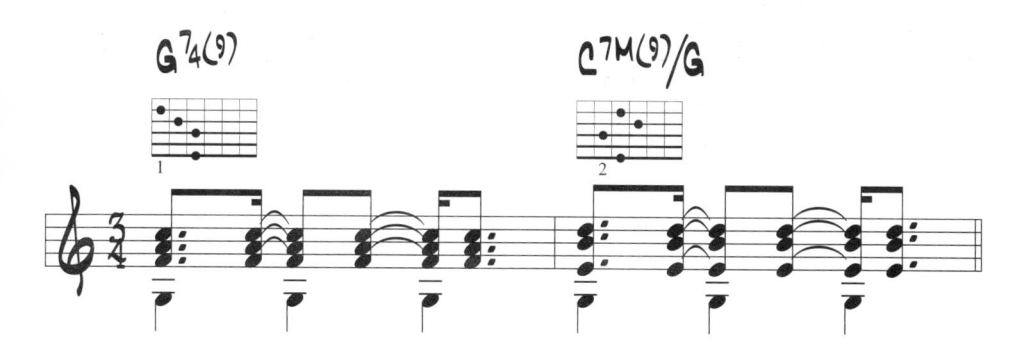

Faixa 20

Samba

Variação #12

Você também pode executar este padrão com a síncope no baixo:

Exemplo

Este exemplo é a transcrição do violão tocado por Milton Nascimento na música *Cravo e Canela* (Milton Nascimento) como gravado no disco *Clube da Esquina* EMI 1972.

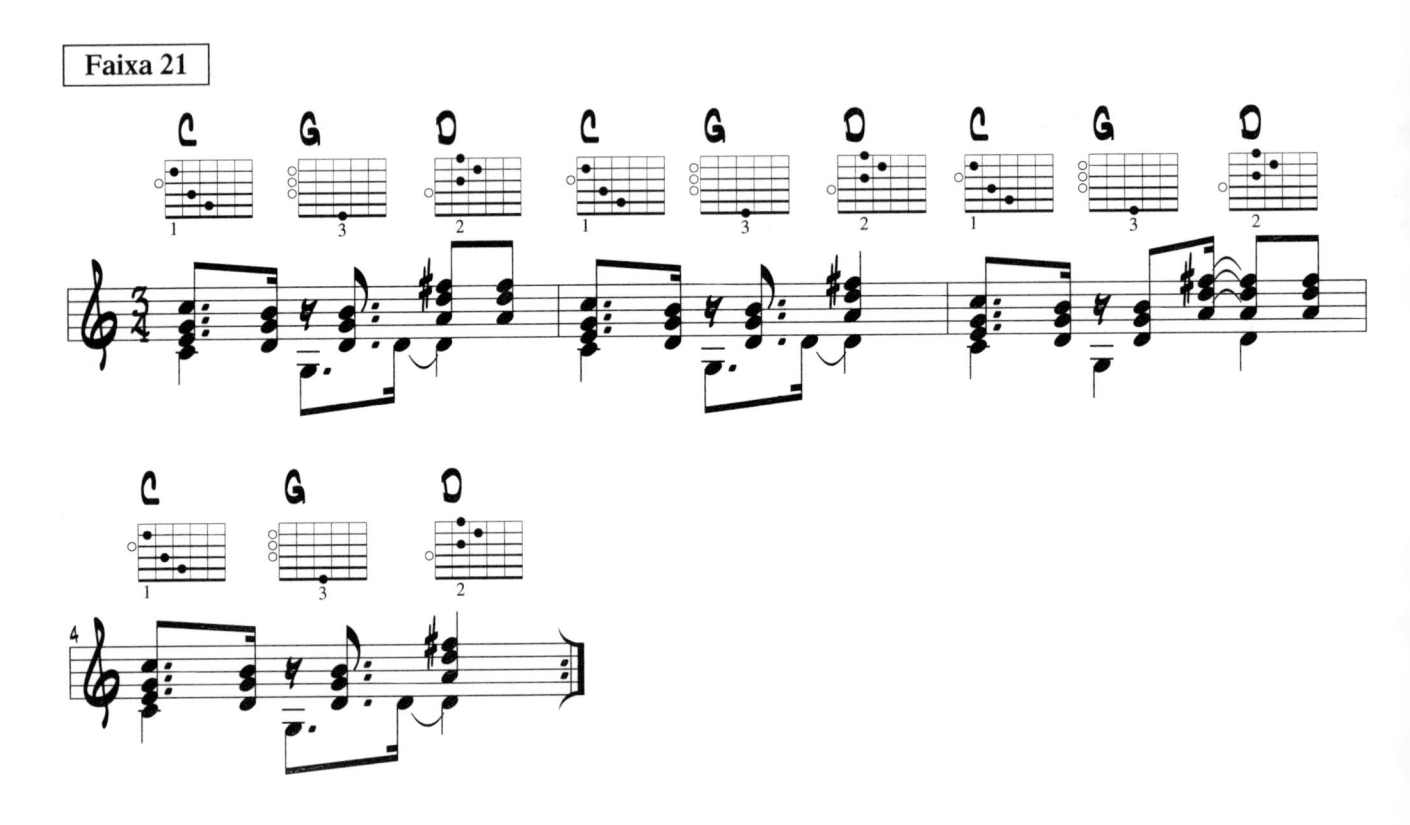

Faixa 21

42

Padrão Básico e Variações

Variação #13

Este exemplo mostra um padrão de samba em 3/4 sincopando cada tempo do compasso.

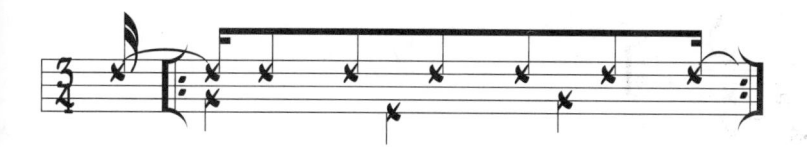

Exemplo

Faixa 22

Samba

Variação #14

Neste exemplo temos um padrão de samba no compasso 7/8.

Exemplo

Faixa 23

Variação #15

Use esta variação para preencher os espaços quando a melodia descansa ou no final de uma frase ou seção da música.

Experimente sincopar de uma semicolcheia o primeiro tempo do padrão.

Padrão Básico e Variações

Exemplo

Este exemplo mostra a aplicação do padrão em uma progressão no estilo Afro-samba, uma das características do violão de Baden Powell.

Faixa 24

Samba

Variação #16

Exemplo

Este exemplo é uma transcrição do violão tocado por Toninho Horta na música *From the lonely Afternoons* (Milton Nascimento / Fernando Brant), como gravada no disco *Toninho Horta – Diamond Land – Polygram/Verve 1988*

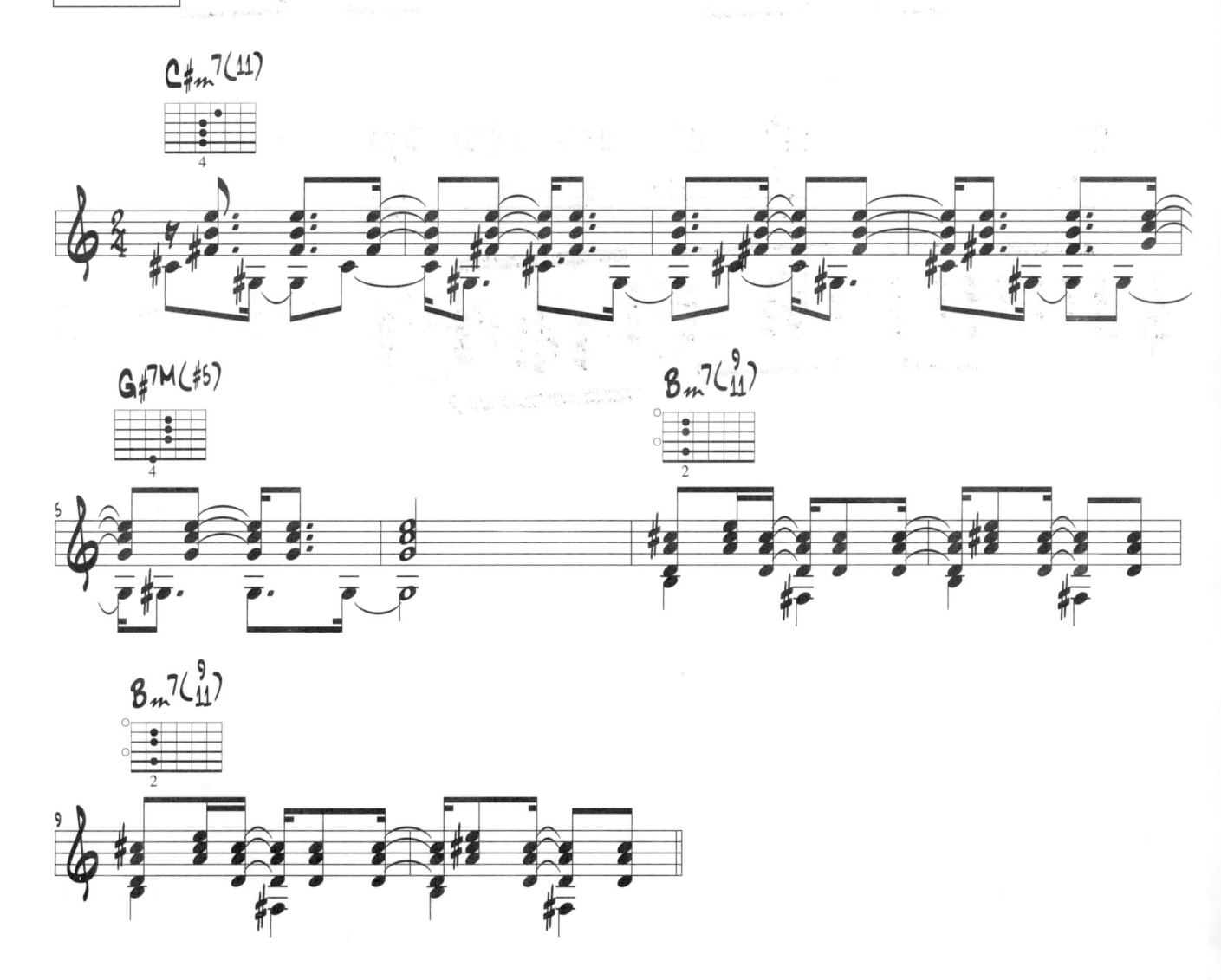

Faixa 25

Variação #17

Este padrão é muito utilizado para preencher espaços nas pausas de melodia ou no final de uma cadência.

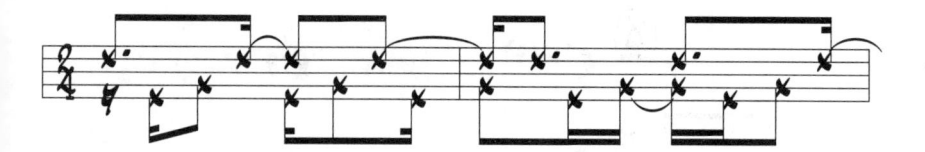

Você também pode sentir este padrão como sendo 5 compassos em 3/16.

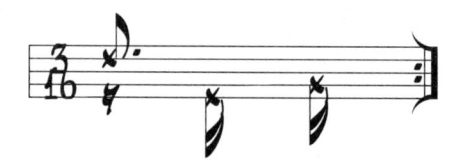

Exemplo

Este exemplo mostra a variação #17 aplicada no final de uma seção, após dois compassos do padrão básico do samba.

Para tocar a linha do baixo no acorde Db^6_9, você deve manter presas as notas láb e réb ao mesmo tempo. Você pode para isto utilizar o polegar da mão esquerda ou usar a digitação 4-1-1-3-2 (do agudo para o grave) ou tocar o láb e o réb apertando as duas notas com o dedo 2 da mão esquerda, sem fazer pestana, tocando "entre" as cordas. Esta técnica inicialmente é um pouco difícil de se dominar, mas posso adiantar que trás muitos benefícios.

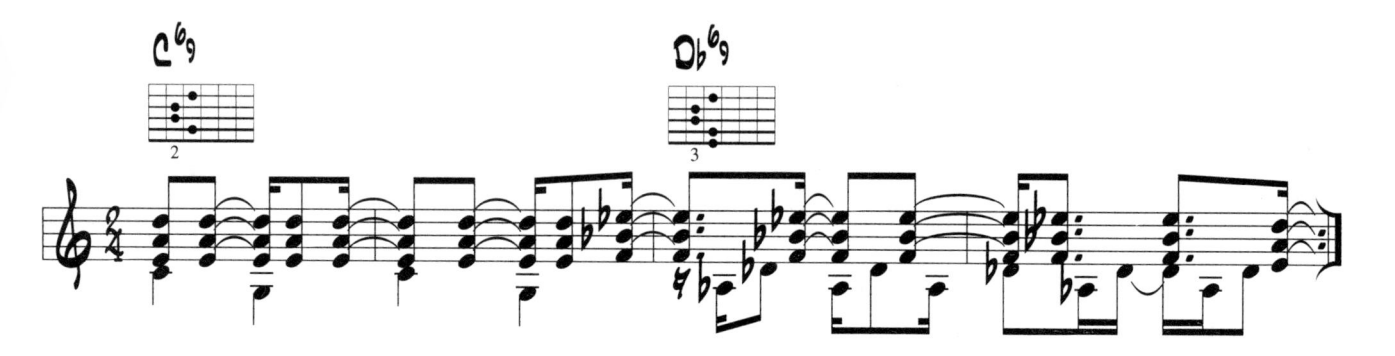

Faixa 26

Só te esperando

Nelson Faria

Exemplo de Música

Copyright © by NELSON FARIA (100%)
Todos os direitos autorais reservados para todos os países.
All Rights Reserved. International Copyright Secured.

Os músicos que tocaram nesta faixa foram: Nelson Faria – Violão e Guitarra
                                            Nico Assumpção – Baixo elétrico
                                            Paulo Braga – Bateria

Samba

Exemplo de acompanhamento no samba

O exemplo a seguir é a transcrição de uma sugestão para o acompanhamento da música *Só te esperando*, gravado especialmente para este livro. A gravação consta de 2 chorus de acompanhamento. Eu transcrevi o 1º chorus e deixei o segundo para você. O primeiro e segundo chorus são basicamente os mesmos, com pequenas diferenças de interpretação e será uma boa prática para você tocar junto o primeiro e transcrever o segundo.

Faixa 28

Exemplo de Acompanhamento

Samba

Exemplo de Acompanhamento

B7/4(9)   B7(13)   B7/4(9)

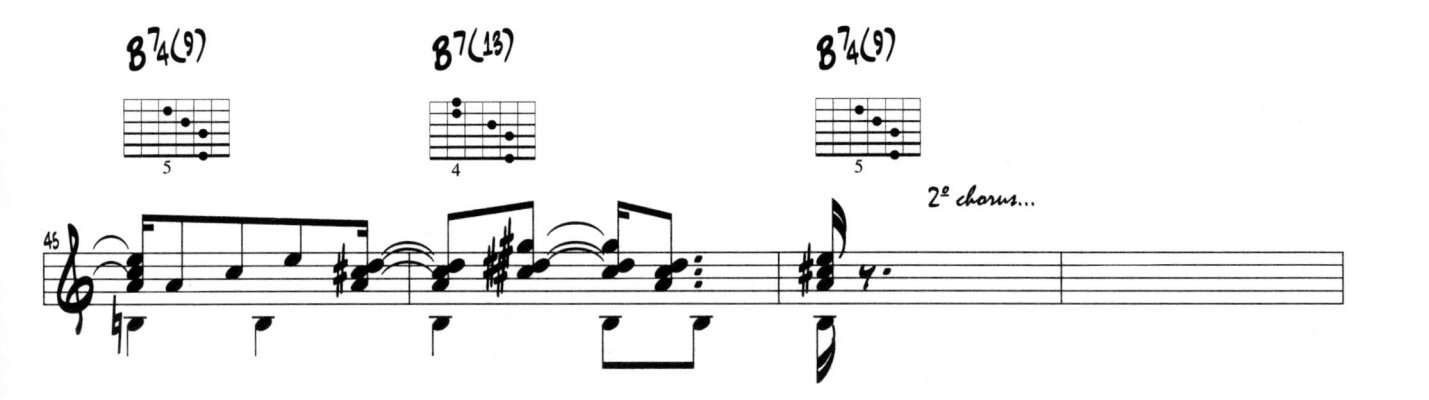

2º chorus...

Tristeza

Haroldo Lobo e Niltinho

Exemplo de Melodia Acompanhada

Samba

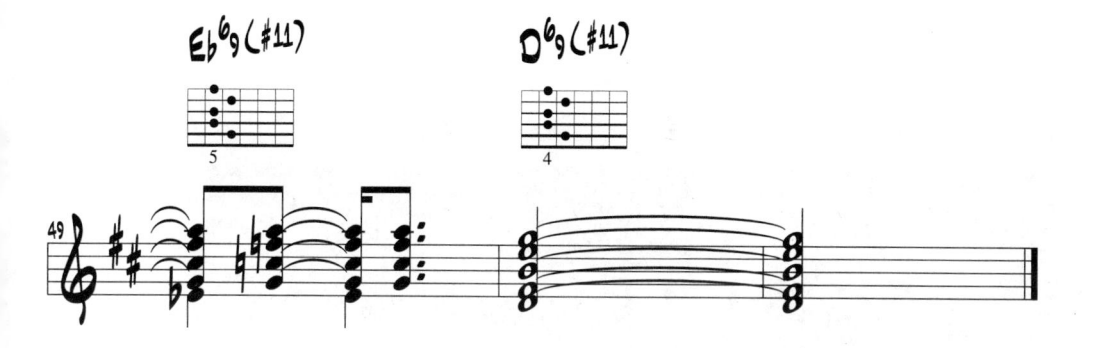

Exemplo de Melodia Acompanhada

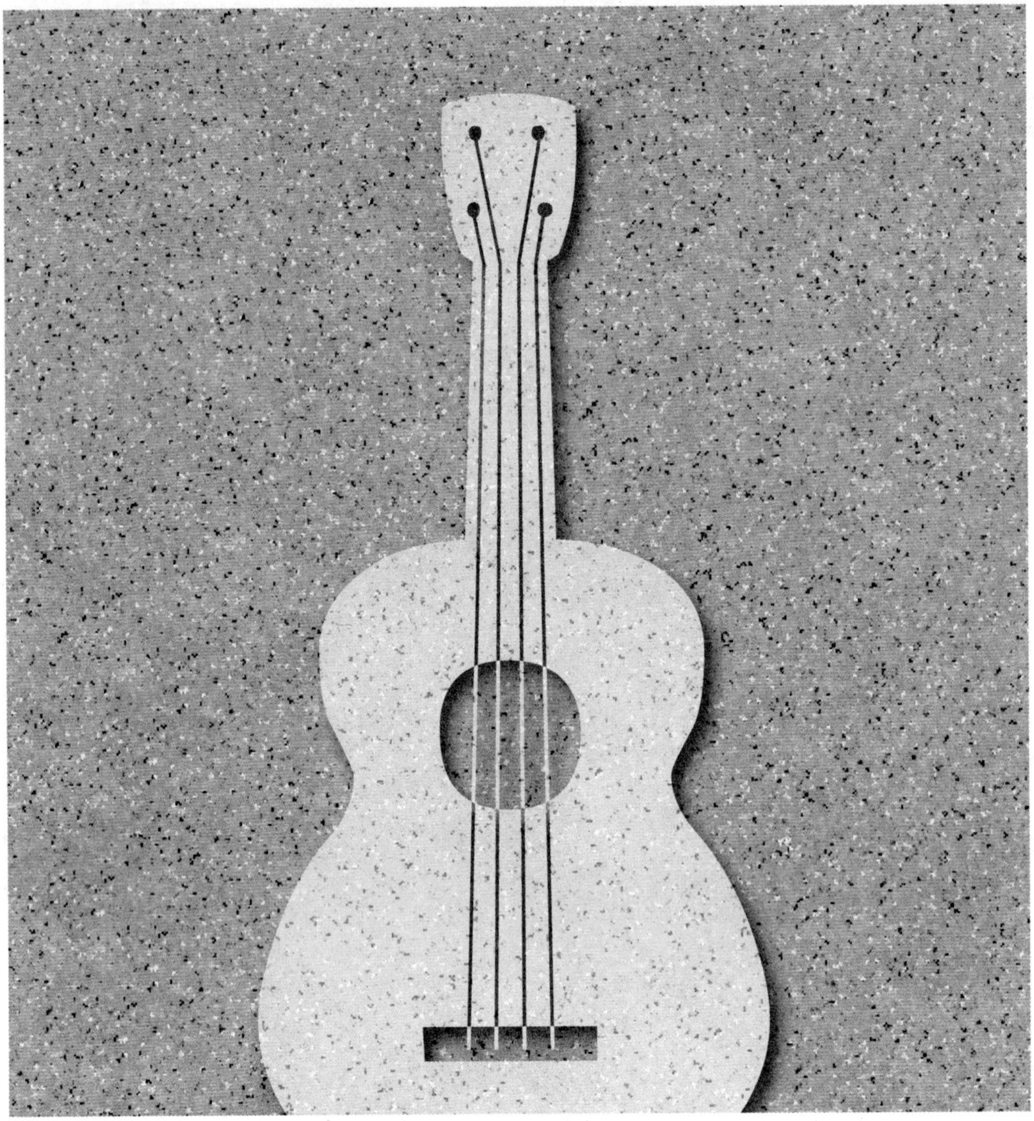

Bossa Nova

~~~~~~~~~~~~~~~~~~~~~~~~~~~~~~~~~~

- Características Gerais
- Padrão Básico e Variações
- Exemplo de Música
- Exemplo de Acompanhamento
- Exemplo de Melodia Acompanhada
  (*Violão Solo*)

Bossa Nova

CARACTERÍSTICAS GERAIS:

Muito influenciada pelas melodias e harmonias do Jazz, a bossa nova é tocada como o samba, porém com harmonias mais elaboradas e ritmos mais suaves.

Nascida no Rio de Janeiro, a bossa nova atingiu seu apogeu no final da década de 50 e é o estilo brasileiro mais difundido internacionalmente.

Antonio Carlos Jobim e João Gilberto são os seus maiores expoentes. O CD *Chega de Saudade* que tem Jobim como compositor e João Gilberto como violonista e intérprete, é considerado um marco na música brasileira.

Características Musicais

Algumas progressões harmônicas se tornaram "clichês" desde o advento da bossa nova, como o uso de acordes de empréstimo modal, e substituições harmônicas para o II V I, com uso de acordes do tipo m6 e diminuto.

Exemplo

– Harmonização diatônica:

– Harmonização típica da bossa nova:

Ex.: #1

Ex.: #2

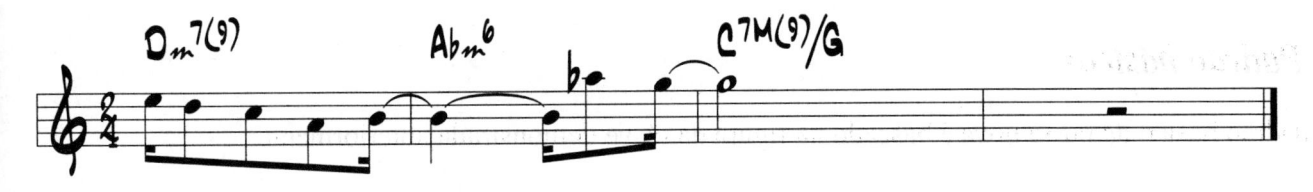

Ex.: #3

Ex.: #4

As sessões rítmicas são normalmente pequenas, com uso de instrumentos de percussão leve do tipo tamborim, ganzá, caixa de fósforo.

Clave da Bossa Nova

O que chamamos de "clave" é uma célula rítmica que está na origem dos padrões rítmicos. Esta célula rítmica é normalmente tocada por toda a música por um instrumento de percussão que pode ser a clave (instrumento musical), ou qualquer outro instrumento (aro da caixa, tamborim etc…) e é a base para criação dos padrões rítmicos e variações na bossa nova

A clave pode ser tocada também invertida:

Bossa Nova

PADRÃO BÁSICO E VARIAÇÕES

1. *Padrão básico:*

O padrão básico da bossa nova é baseado na figura da clave demonstrada anteriormente.

O exemplo a seguir é o primeiro compasso da clave invertida.

Note que no violão as síncopas são tocadas nas notas superiores do acorde (dedos i, m, a), enquanto as notas do baixo são tocadas no tempo forte (polegar).

dedos *i*, *m* e *a*
polegar

Assim como acontece nos padrões de samba, a linha de baixo normalmente se alterna entre a fundamental e a quinta do acorde, sendo que a quinta deve ser sempre tocada em uma oitava inferior a fundamental. Se a fundamental estiver localizada na sexta corda, você deve manter a fundamental como nota do baixo nos dois tempos do compasso.

Você pode praticar estes padrões com um acorde parado, ou usar progressões do tipo II V I e suas substituições.

É também interessante praticar sem o instrumento, batendo palmas na parte superior do padrão e os pés na linha do baixo.

Exemplo

Este exemplo é a transcrição do violão tocado por João Gilberto como introdução para a música *Insensatez* (Tom Jobim), no disco João Gilberto EMI- Odeon 1961.

Faixa 30

2. Variações:

Nesta seção, depois de cada padrão de variação, você encontrará um exemplo musical mostrando o padrão aplicado a uma progressão harmônica típica do repertório da bossa nova.

Variação #1

Esta variação mostra o padrão básico da bossa nova com uma síncope de semicolcheia para o primeiro tempo do compasso. Esta variação da bossa coincide com o padrão básico do samba, mostrando que na prática alguns dos padrões são intercambiáveis.

Bossa Nova

Exemplo

Este exemplo é a aplicação da variação #1 a uma progressão típica da bossa nova, onde o retorno harmônico é rearmonizado com o uso de acordes diminutos e menor com sexta.

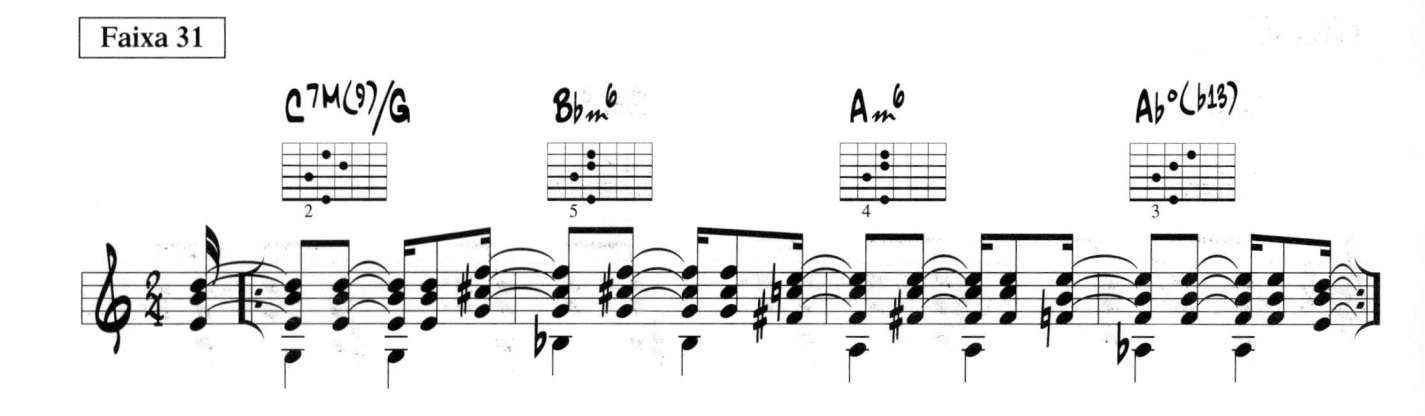

Faixa 31

Variação #2

Esta variação é um exemplo de padrão extendido (2 compassos).

Exemplo 1

Este é outro exemplo da progressão I VI II V rearmonizado no estilo Bossa nova.

Faixa 32

Exemplo 2

Este exemplo utiliza a mesma progressão harmônica do exemplo anterior, usando o padrão rítmico "variação #2" apenas nos últimos dois compassos.

Faixa 33

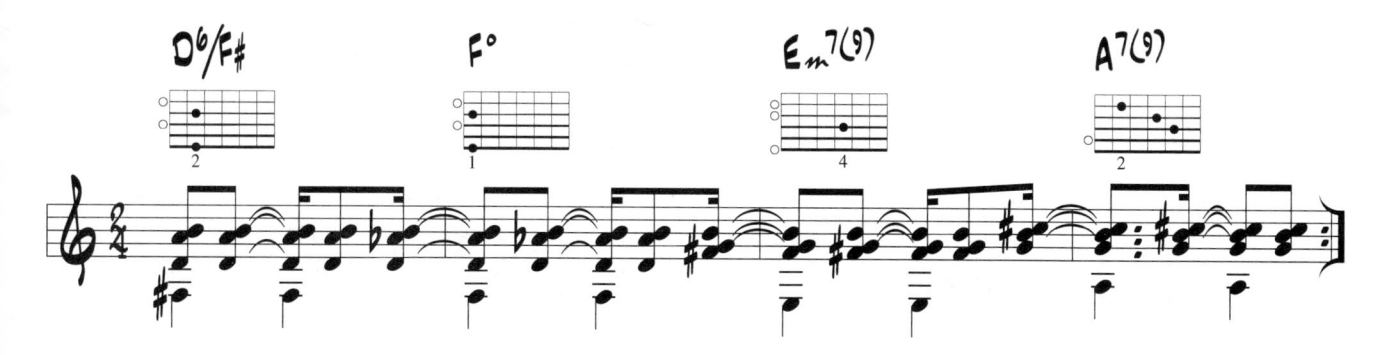

Variação #3

Este padrão rítmico apresenta uma variação no segundo compasso em relação a variação #2.

Você também pode sincopar o primeiro tempo do primeiro compasso em uma semicolcheia.

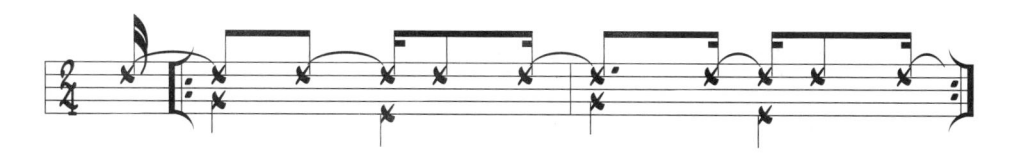

Bossa Nova

Exemplo 1

Para tocar os acordes com cinco notas do exemplo abaixo você deve usar os dedos p, m, i, e mínimo para as notas superiores do acorde e polegar para os baixos (digitação da mão direita)

Faixa 34

Exemplo 2

Este exemplo explora o uso de cordas soltas, uma das características do violão brasileiro.

Faixa 35

Padrão Básico e Variações

Exemplo 3

Este exemplo é uma transcrição do violão tocado por Helio Delmiro na música *Brigas nunca mais* (Tom Jobim / Vinicius de Moraes) no CD *Elis e Tom* Philips, 1974.

Basicamente este exemplo usa a variação #3, porém com os acordes em stacato e apenas a parte superior do acorde, sem o uso da nota do baixo.

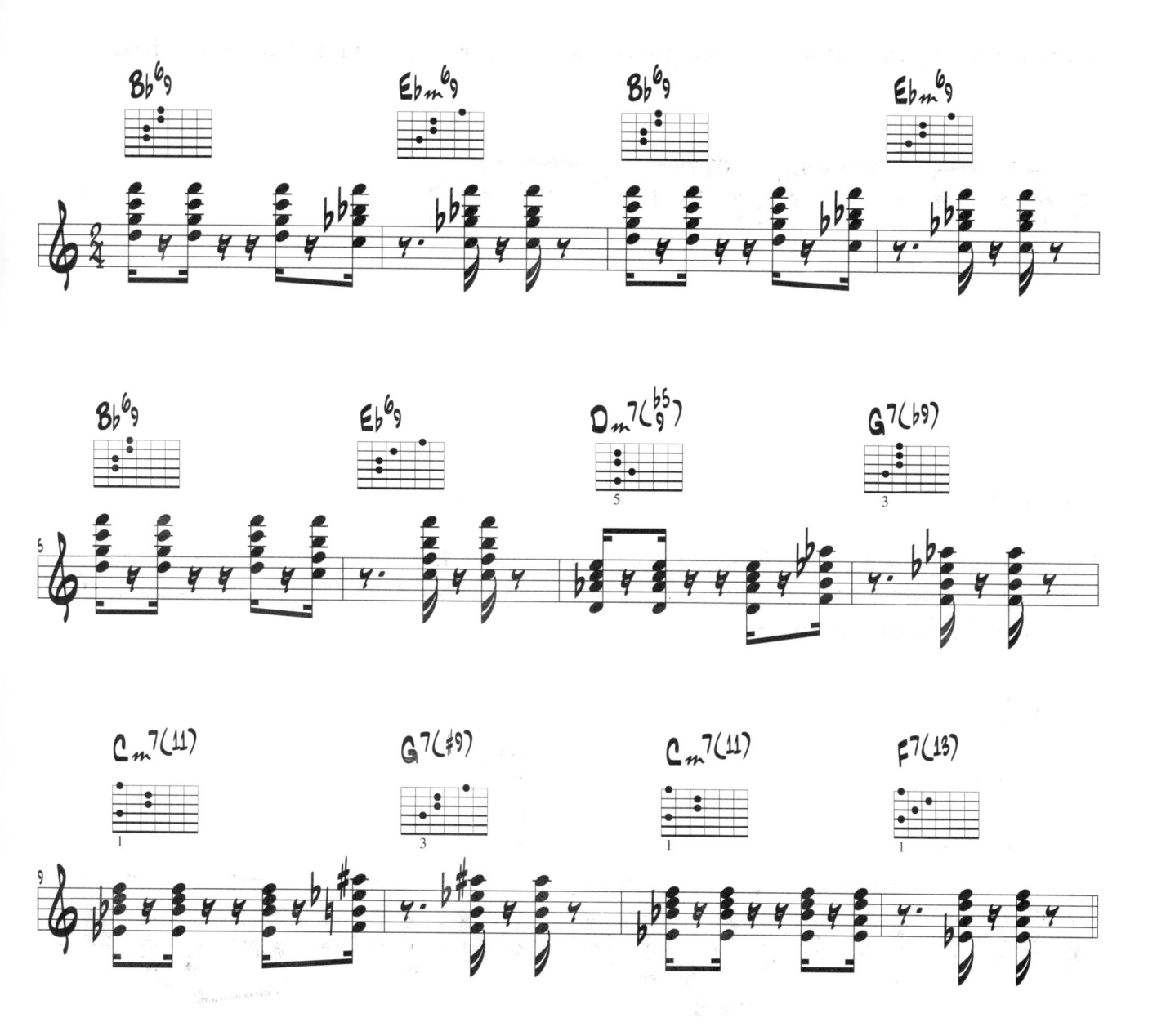

Faixa 36

Bossa Nova

Variação #4

Este padrão é bastante usado para intervenções nas pausas de melodia ou no final de uma sessão, mas pode também ser usado como o padrão básico durante toda a música.

Você também pode usar o artifício de sincopar o primeiro compasso do padrão a partir da primeira repetição.

Exemplo 1

Este exemplo é baseado no padrão do samba com uma síncope de colcheia na parte aguda do acorde e de semicolcheia no baixo. Uso a variação #4 nos últimos 2 compassos. Note a antecipação do acorde D♭7(9) uma semicolcheia antes da síncopa.

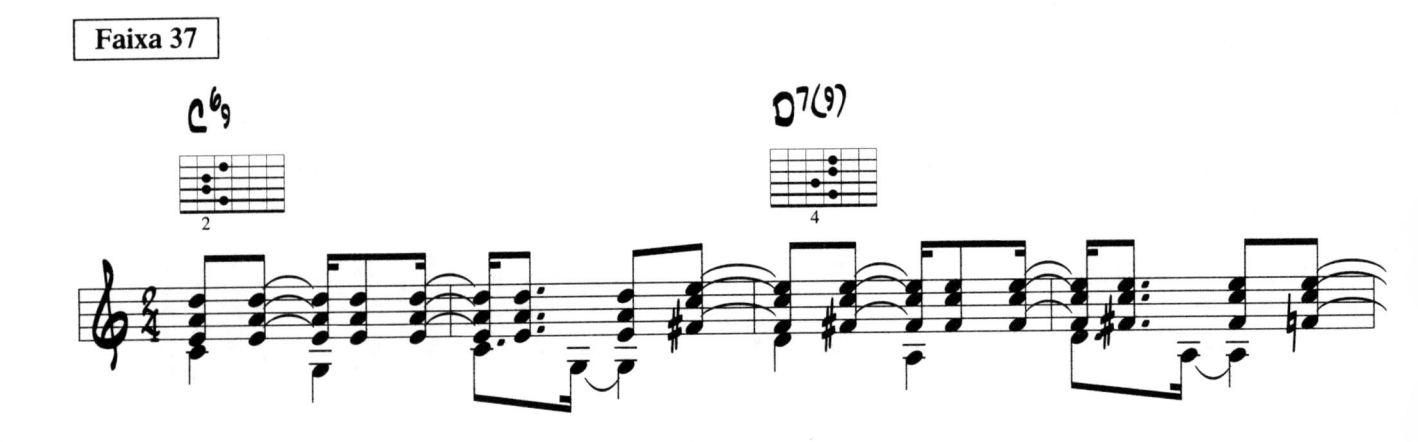

Faixa 37

Exemplo 2

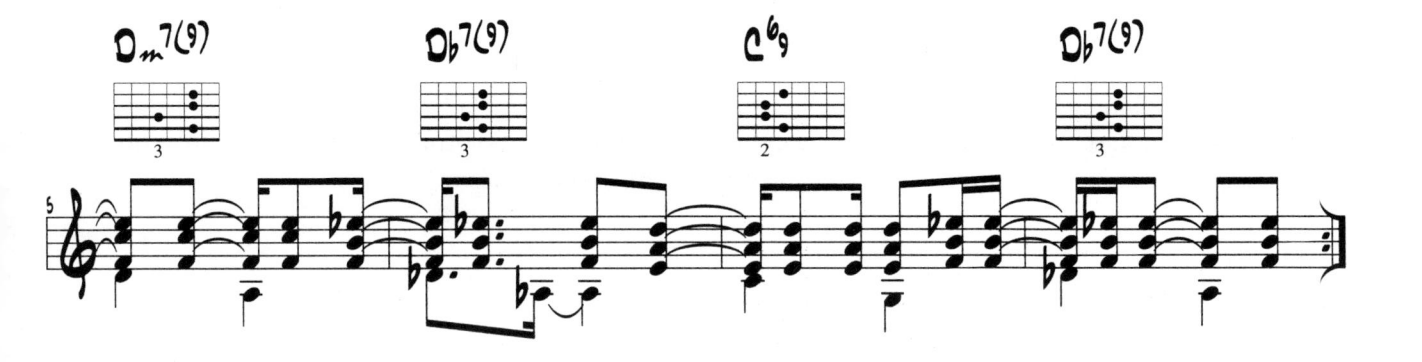

Aqui temos mais um exemplo da progressão I VI II V rearmonizada no estilo da bossa nova. O padrão rítmico é baseado na variação #4 com uma síncope de semicolcheia entre o segundo e terceiro compasso. Note que mais uma vez a mudança de harmonia acontece uma semicolcheia antes da nota sincopada.

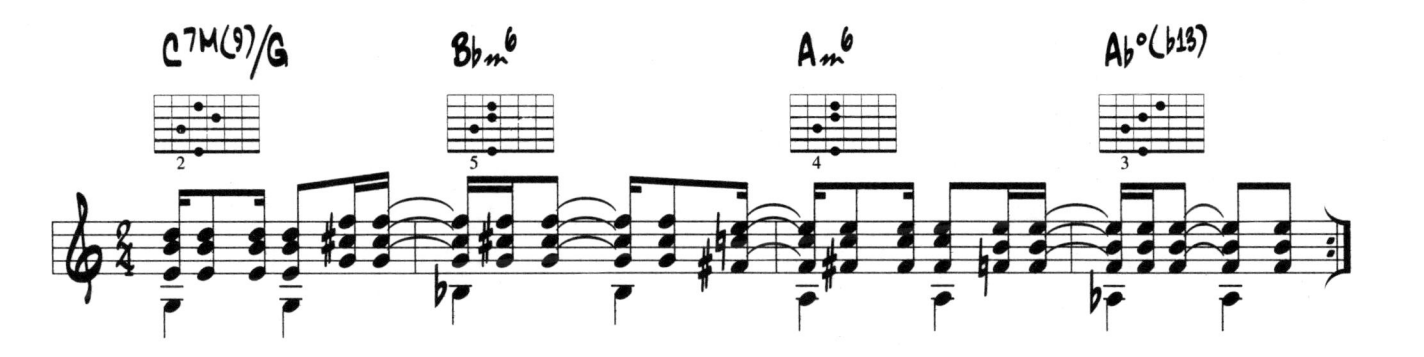

Faixa 38

Bossa Nova

Exemplo 3

Este exemplo aplica o padrão da variação #4 nos últimos 16 compassos da música *Samba de uma nota só* de Antonio Carlos Jobim e Newton Mendonça, com o uso de pausas no primeiro tempo e na linha do baixo. Note que a harmonia muda sempre na última semicolcheia do compasso.

Faixa 39

Padrão Básico e Variações

Exemplo 4

Este exemplo é uma transcrição do violão tocado por João Gilberto na introdução da música *Esse seu olhar* (A. C. Jobim), do disco *João Gilberto* EMI Odeon 1961. A variação #4 é usada nos últimos 2 compassos do exemplo.

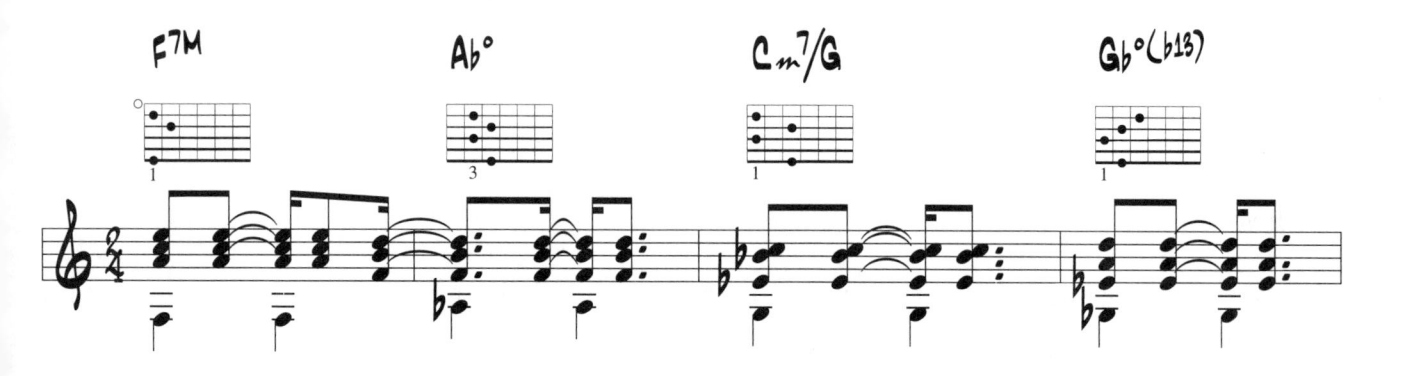

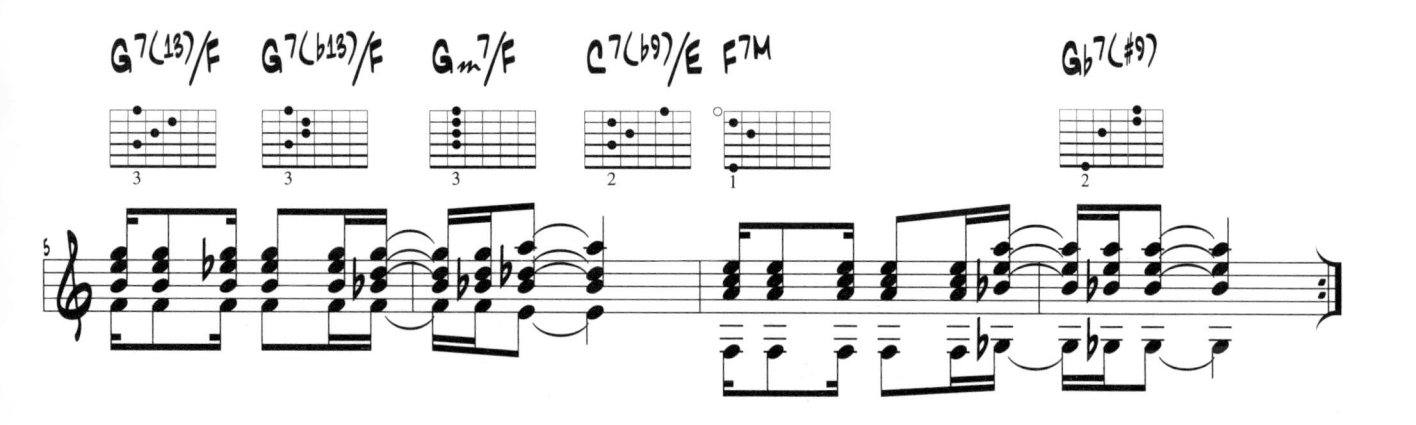

Faixa 40

Bossa Nova

Variação #5

Exemplo

Este exemplo é uma transcrição do violão tocado por Hélio Delmiro na música *É com esse que eu vou* (Pedro Caetano) no disco *Elis* Philips, 1973.

Faixa 41

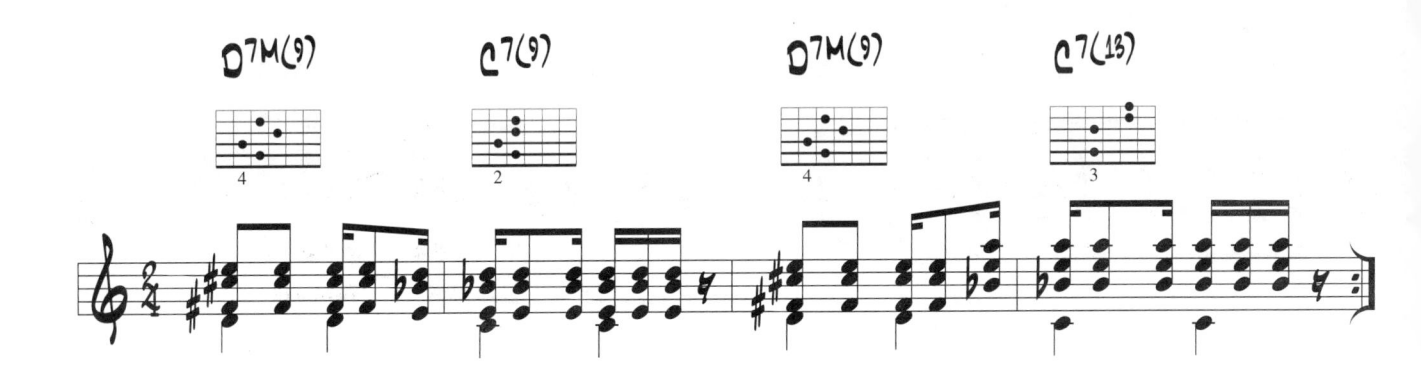

Variação #6

Exemplo

Este é a transcrição do violão tocado por Roberto Menescal na música *Aquarela do Brasil* (Ary Barroso) no disco *Elis Regina - Como e porque* Philips, 1969.

Faixa 42

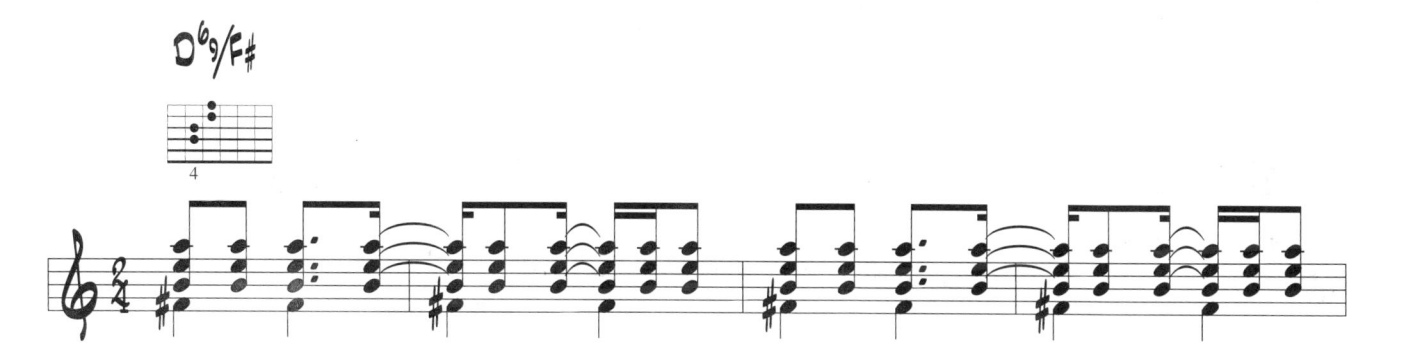

Antes tarde

Bossa Nova

Faixa 43

Nelson Faria

Exemplo de Música

Copyright © by NELSON FARIA (100%)

Todos os direitos autorais reservados para todos os países.

All Rights Reserved. International Copyright Secured.

Os músicos que tocaram nesta faixa foram: Nelson Faria – Violão e guitarra
Adriano Giffoni – Contrabaixo
Rodolfo Cardoso – Bateria
Lena Horta – Flauta
Hamleto Stamato – Teclados

Bossa Nova

Exemplo de acompanhamento na bossa nova

O exemplo a seguir é uma sugestão de acompanhamento para a música *Antes Tarde*.

Faixa 44

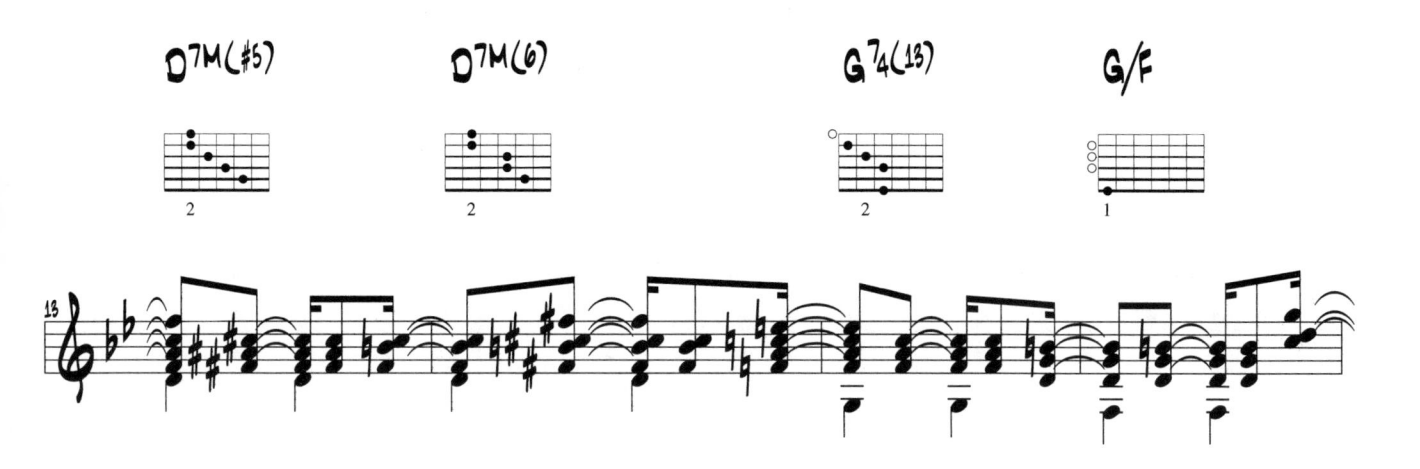

Exemplo de Acompanhamento

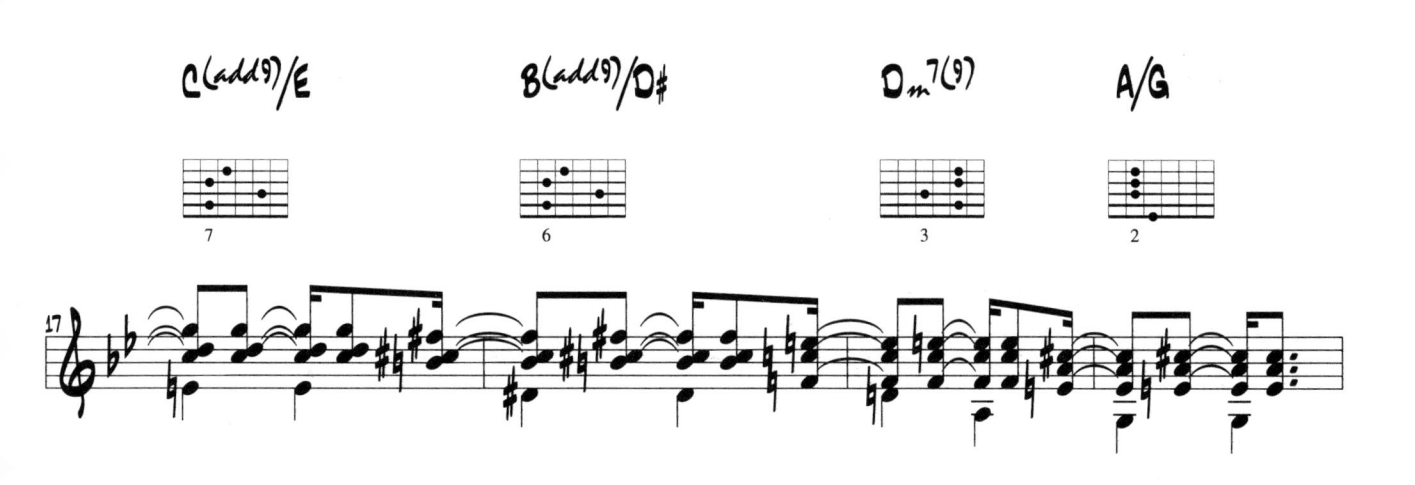

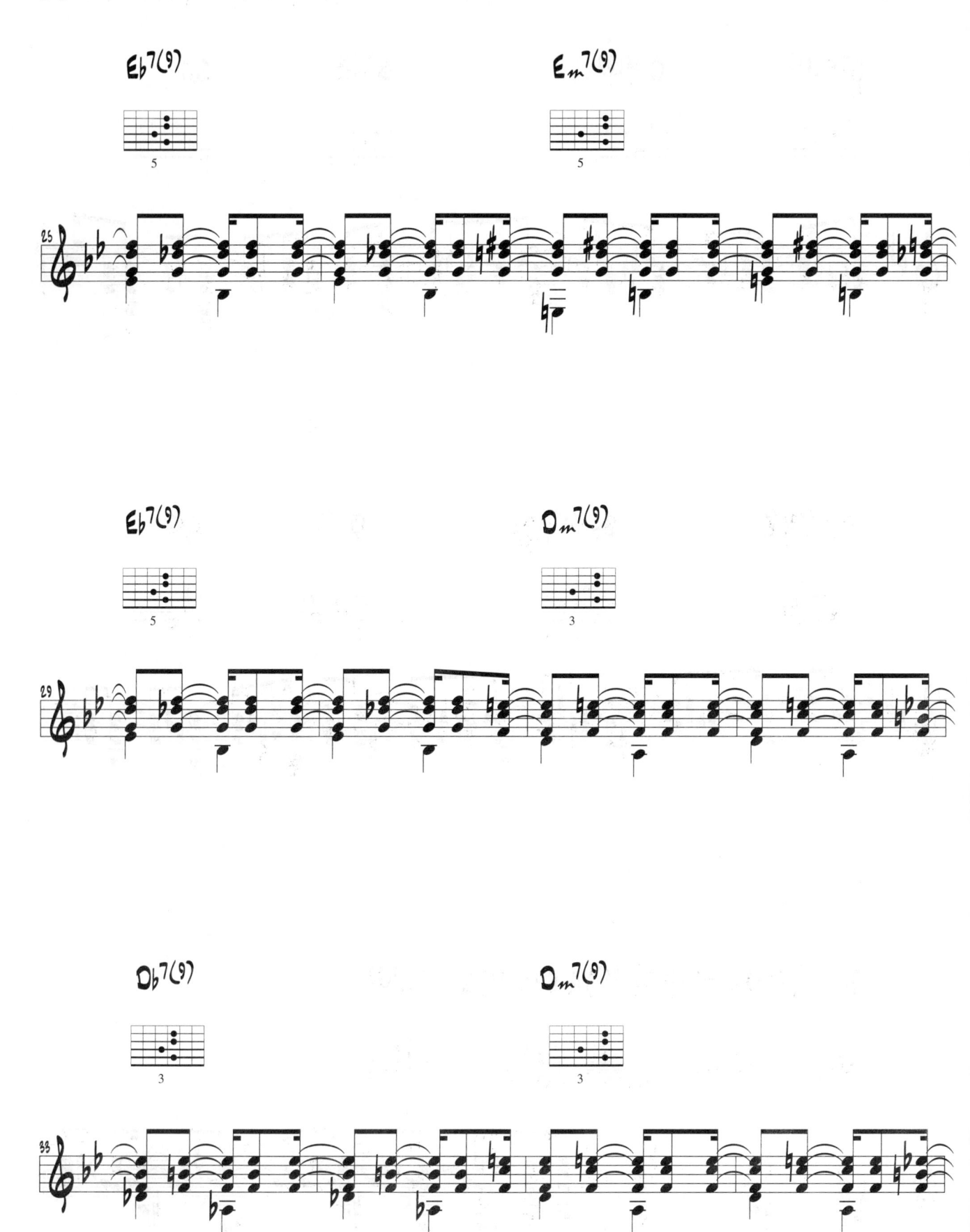

Bossa Nova

Exemplo de Acompanhamento

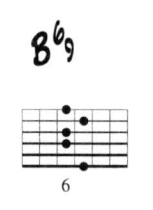

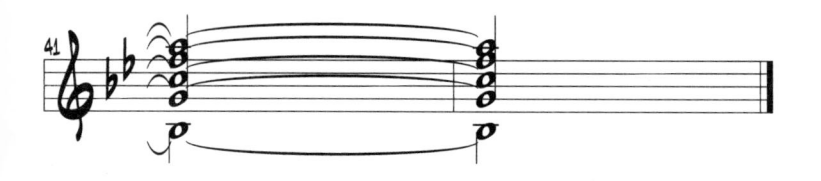

Bossa Nova

Triste

Antonio Carlos Jobim

Faixa 45

Exemplo de Melodia Acompanhada

Copyright © by JOBIM MUSIC LTDA (100%)
Todos os direitos autorais reservados para todos os países.
All Rights Reserved. International Copyright Secured.

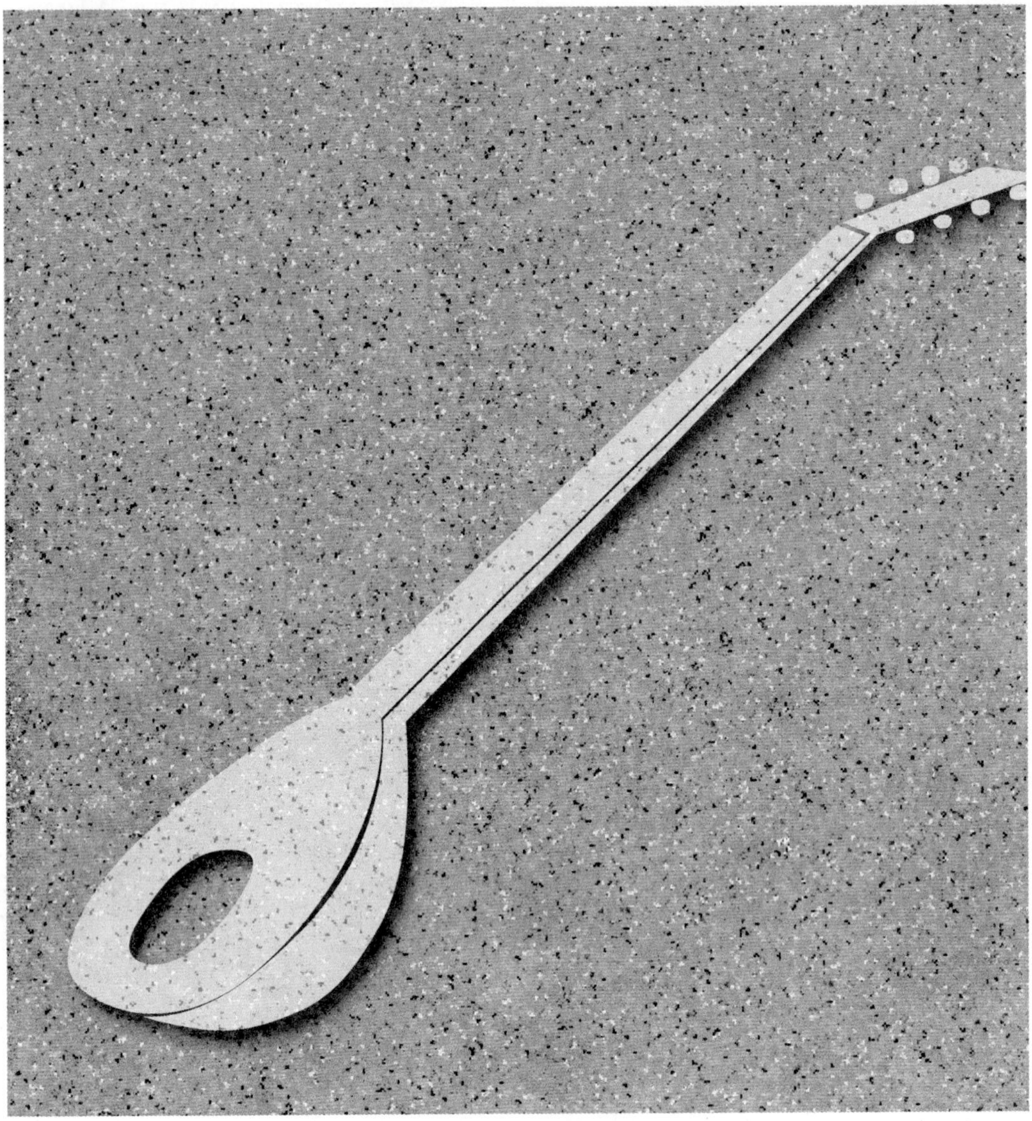

Choro

- CARACTERÍSTICAS GERAIS
- PADRÃO BÁSICO E VARIAÇÕES
- EXEMPLO DE MÚSICA
- EXEMPLO DE ACOMPANHAMENTO
- EXEMPLO DE MELODIA ACOMPANHADA
  (*Violão Solo*)

Choro

CARACTERÍSTICAS GERAIS:

Um estilo eminentemente carioca, o choro emergiu no final do século XIX (1870) como uma forma "abrasileirada" de se tocar a música européia da época (Polcas e Valsas).

O termo choro era usado genericamente para descrever um pequeno grupo musical, sempre tendo um dos integrantes do grupo como solista (improvisador). Atualmente encontramos várias instrumentações possíveis, com o uso de metais (trombone, trumpete etc…) clarinete e saxofones, e alguns instrumentos de percussão (particularmente o pandeiro e o surdo).

Características Musicais

O choro é ritmicamente baseado na subdivisão de simicolcheia. Escrito em 2/4, suas melodias são recheadas de ornamentos melódicos. Você encontrará também a valsa-choro, escrita em 3/4.

A originalidade do choro das décadas de 1930/1940 era baseada no virtuosismo dos instrumentistas, que tocavam as melodias e improvisos normalmente em um andamento rápido.

Harmonicamente encontramos o uso de tríades, acordes de sexta, sétima e diminutos, com enfase para a posição invertida dos acordes. O movimento do baixo tem grande importância na condução da harmonia.

A forma do choro é normalmente de 3 partes A, B e C, com o uso da modulação para a tonalidade da dominante ou subdominante na parte C.

É muito comum o uso da figura ♪♪♪♪ como anacruse no início do tema, ou no começo de uma frase.

Exemplos

Tico-tico no fubá (Zequinha Abreu)

Padrão Básico e Variações

Meu caro amigo (Francis Hime / Chico Buarque)

Chorinho pra ele (Hermeto Paschoal)

A flor amorosa (Joaquim Antonio Callado)

Brasileirinho (Waldir Azevedo)

Chorei (Pixinguinha)

Apanhei-te cavaquinho (Ernesto Nazareth)

Choro

Padrão Básico e Variações

1. *Padrão básico:*

Assim como no samba e na bossa nova, os padrões para mão direita do violão no choro também são baseados nos desenhos rítmicos dos instrumentos de percussão.

O padrão básico do choro é baseado em um padrão tipicamente executado pelo pandeiro.

dedos *i, m* e *a*
polegar

Exemplo

Este exemplo mostra o uso de inversões e acordes diminutos em uma progressão típica do choro.

Faixa 46

C6/E   Eb°

Dm7   G7

2. Variações:

Após cada padrão de variação apresentado nesta seção, você encontrará um ou mais exemplos musicais aplicados a progressões características do estilo, encontradas no repertório do choro.

Cada variação pode ser tocada durante toda a música ou você pode alternar o uso dos padrões para criar novas variações.

Variação #1

Exemplo

Este exemplo demonstra o uso de inversões em uma linha de baixo descendente.

Faixa 47

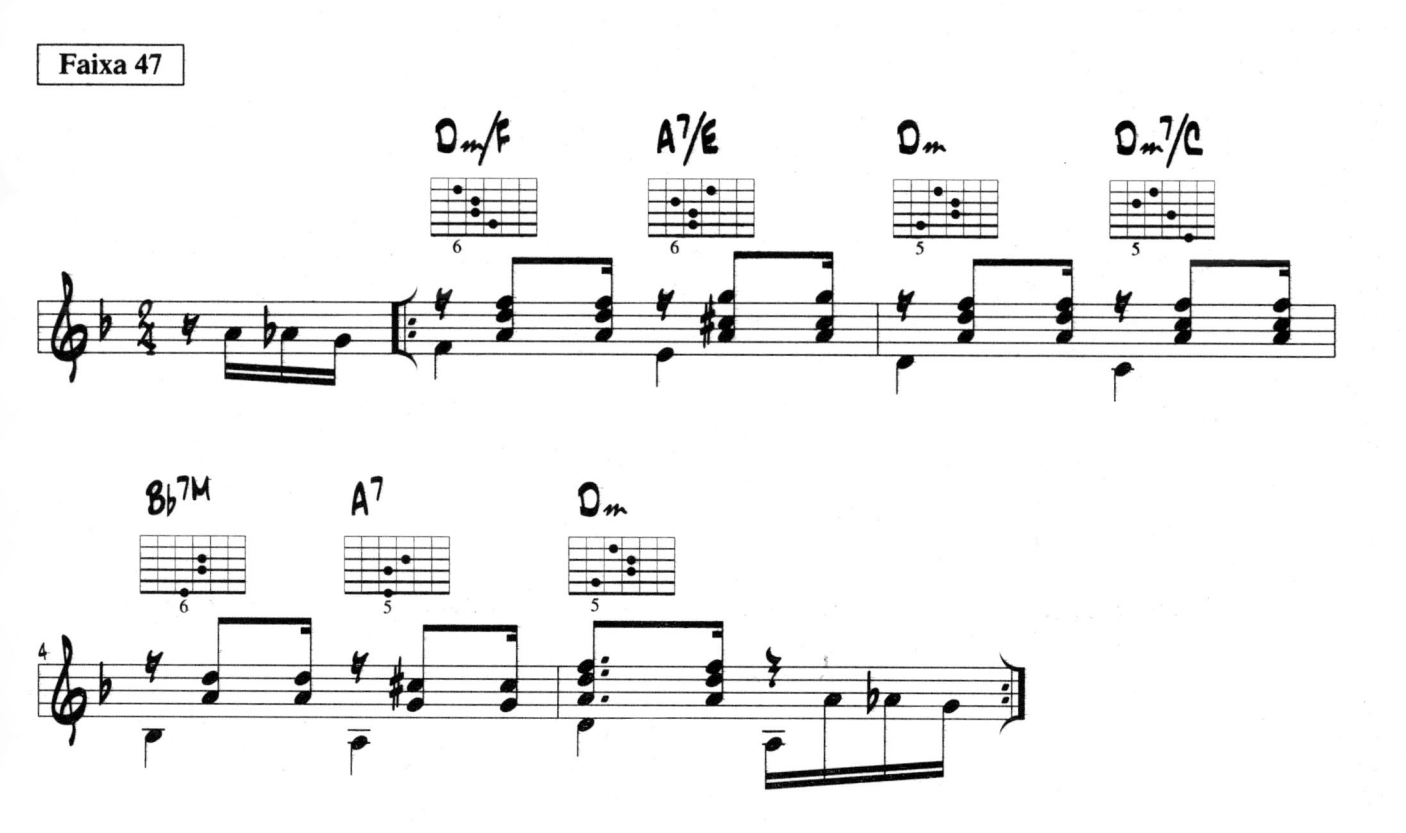

Choro

Variação #2

Exemplo

Este exemplo é a transcrição dos 4 primeiros compassos da música *Choros nº 1* de Heitor Villa Lobos.

Faixa 48

Variação #3

Exemplo

Este exemplo mostra uma progressão típica do choro, com o uso de tríades e acordes diminutos.

Faixa 49

Choro

Variação #4

Exemplo

Este exemplo mostra a aplicação da variação #4 em uma marcha harmônica modulante.

Faixa 50

Variação #5

Você pode usar esta variação por toda a música ou no final de uma cadência.

Exemplo

Este exemplo é baseado na variação #1 e usa a variação #5 nos últimos 2 compassos.

Faixa 51

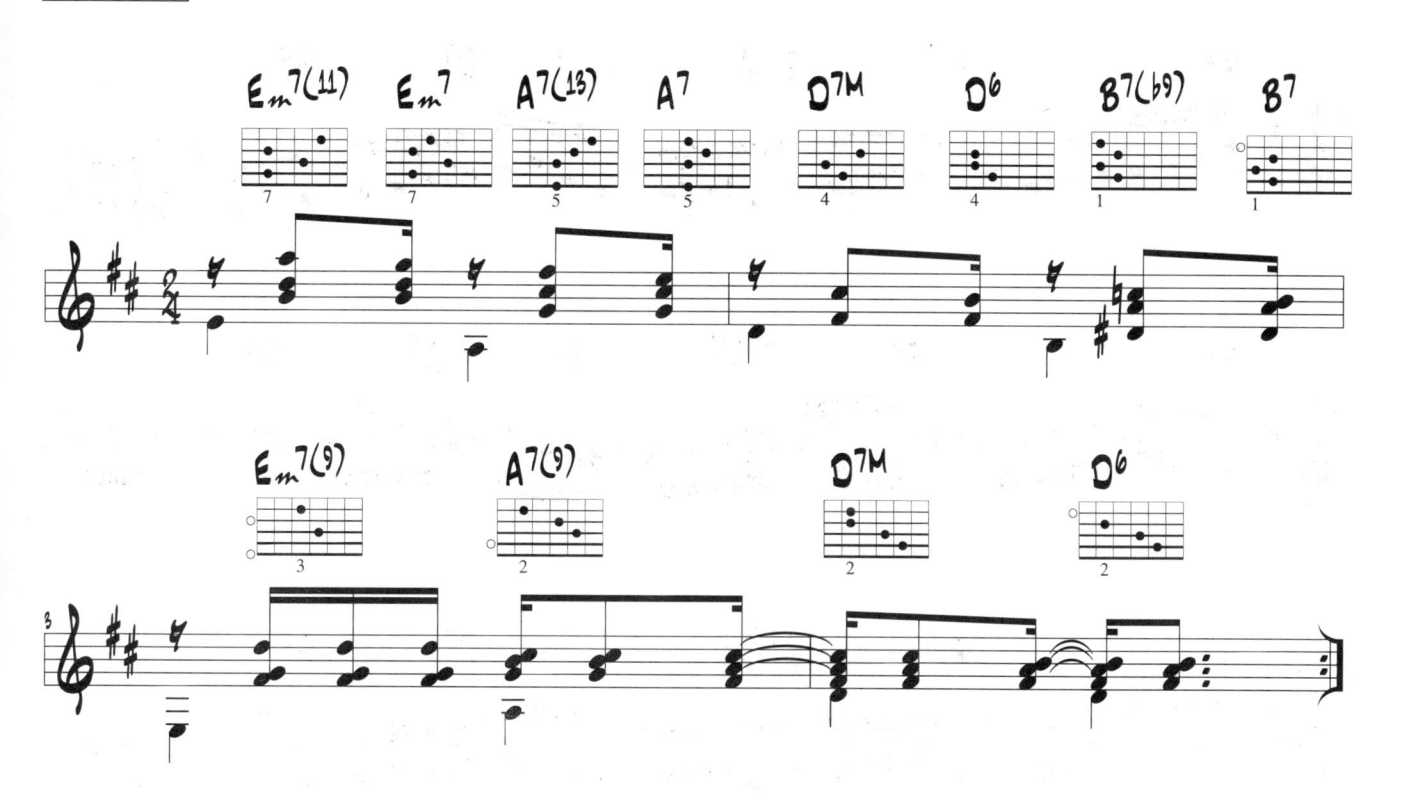

Influenciado

Música: Nelson Faria
Letra: Zélia Duncan

Choro

Faixa 52

Exemplo de Música

Copyright © by Nelson Faria (50%)
Copyright © by Duncan Edições Musicais (DC Consultoria) (50%)
Todos os direitos autorais reservados para todos os países.
All Rights Reserved. International Copyright Secured.

Os músicos que tocaram nesta faixa foram: Nelson Faria - Violão
Adriano Giffoni - Contrabaixo
Rodolfo Cardoso - Bateria
Marco Lobo - Percussão
Zélia Duncan - Vocal
José Namen - Teclado
Quarteto de Flautas - Lena Horta, P.C. Castilho,
Luciana Pergorer, Gisele Rodrigues.

Choro

Exemplo de acompanhamento no choro

Este exemplo é uma sugestão de acompanhamento para a música *Influenciado*.

Faixa 53

Exemplo de Acompanhamento

Choro

Marceneiro Paulo

Faixa 54

Helio Delmiro

Este exemplo é a transcrição do violão solo tocado por Helio Delmiro. A gravação original está no CD *Emotiva* EMI - ODEON, 1980. A cifragem acima da melodia é apenas uma sugestão harmônica para os contrapontos melódicos executados.

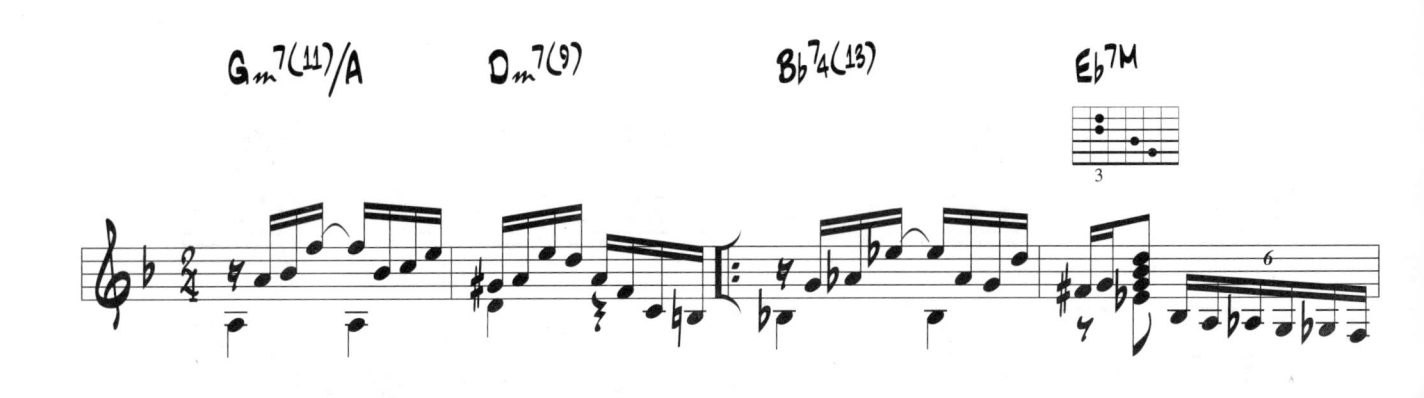

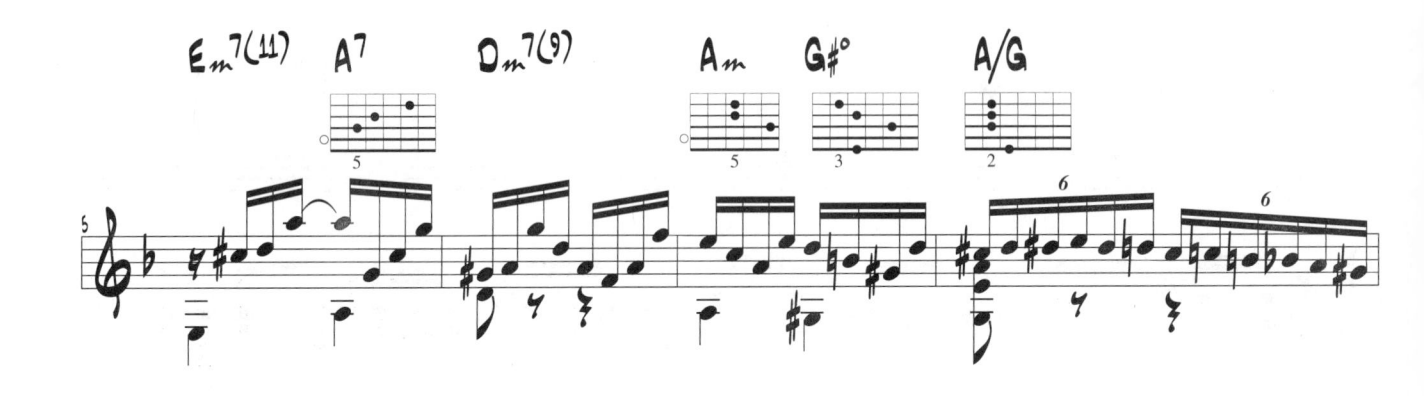

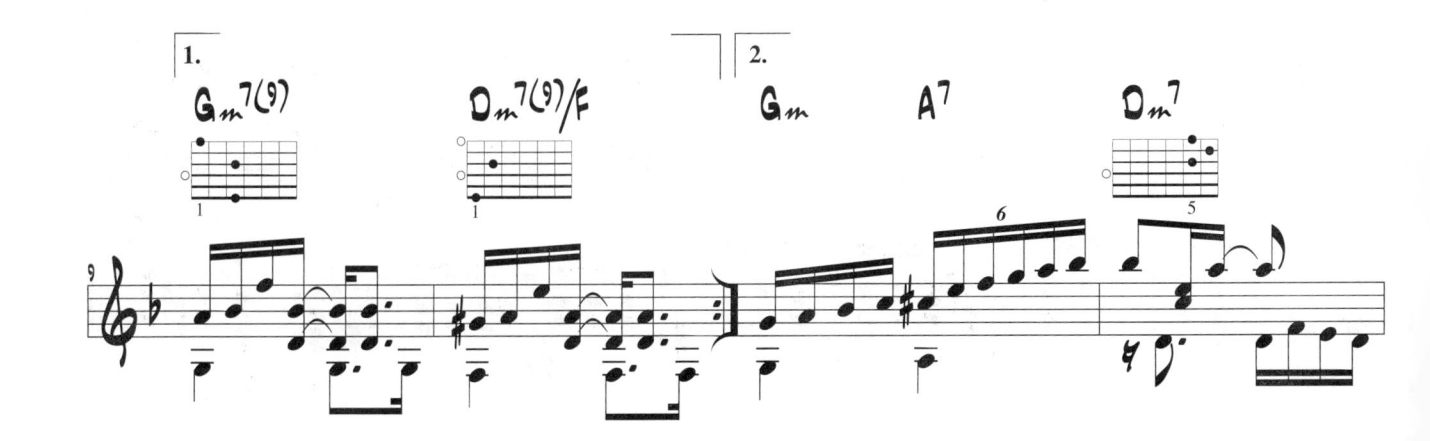

Exemplo de Melodia Acompanhada

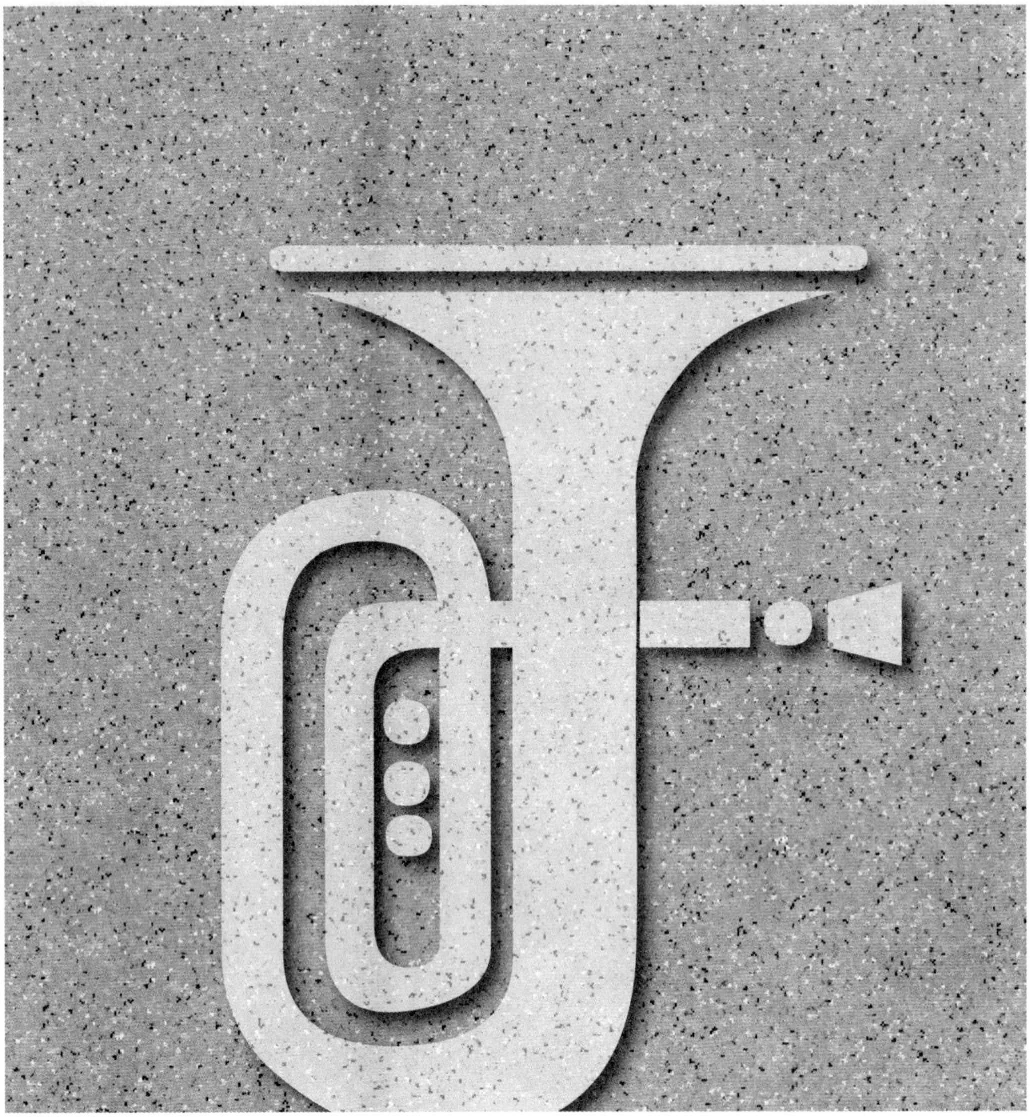

Frevo

- CARACTERÍSTICAS GERAIS
- PADRÃO BÁSICO E VARIAÇÕES
- EXEMPLO DE MÚSICA
- EXEMPLO DE ACOMPANHAMENTO

Frevo

CARACTERÍSTICAS GERAIS:

Música tipicamente do Nordeste brasileiro, mais especificamente oriunda de Recife (Pernambuco), o frevo emergiu no final do século 19 pela interação entre a música e danças folclóricas.

Os primeiros grupos de frevo eram originários de bandas militares, usando principalmente os instrumentos marciais (saxofone, flautim, trombone, clarinete, tuba, caixa clara e pratos de choque).

Basicamente orientado para dança, o frevo é tocado como uma marcha, com figuras sincopadas e andamento acelerado.

Subdivisões

marcha-rancho: andamento lento, usualmente nas tonalidades menores e em alguns casos em 3/4.

Frevo-ventania: Quando os andamentos são muito acelerados.

Características Musicais

Usualmente escrito em 2/4 o frevo pode ainda ser encontrado em compasso quaternário. Os acentos se encontram sempre nos contratempos e as melodias são bastante sincopadas.

Contemporâneamente, a guitarra vem sendo bastante utilizada no frevo. O baixo é tocado em semínimas e as harmonias são bastante simples, normalmente em uma relação dominante tônica.

Exemplos

Ninho de vespa (Dori Caymmi)

Mascara Negra (Zé Keti) (Marcha carnavalesca)

Karatê (Egberto Gismonti)

Frevo

PADRÃO BÁSICO E VARIAÇÕES

1. *Padrão básico:*

Basicamente os padrões rítmicos para mão direita são simulações da seção rítmica utilizada no frêvo. Mantenha em mente que as sincopas são sempre tocadas pelos dedos i, m, a (vozes superiores dos acordes), enquanto o polegar toca a linha do baixo no tempo.

dedos *i*, *m* e *a*
polegar

Você também pode sentir o padrão em compasso quaternário:

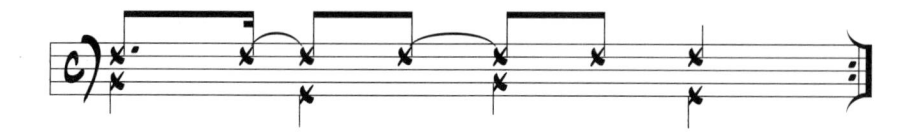

O baixo deve ser alternado entre fundamental e quinta, sendo que a quinta deve ser tocada na oitava inferior a da tônica.

Exemplo

Este exemplo é a aplicação do padrão básico do frevo a um retorno harmônico com baixo pedal.

Faixa 55

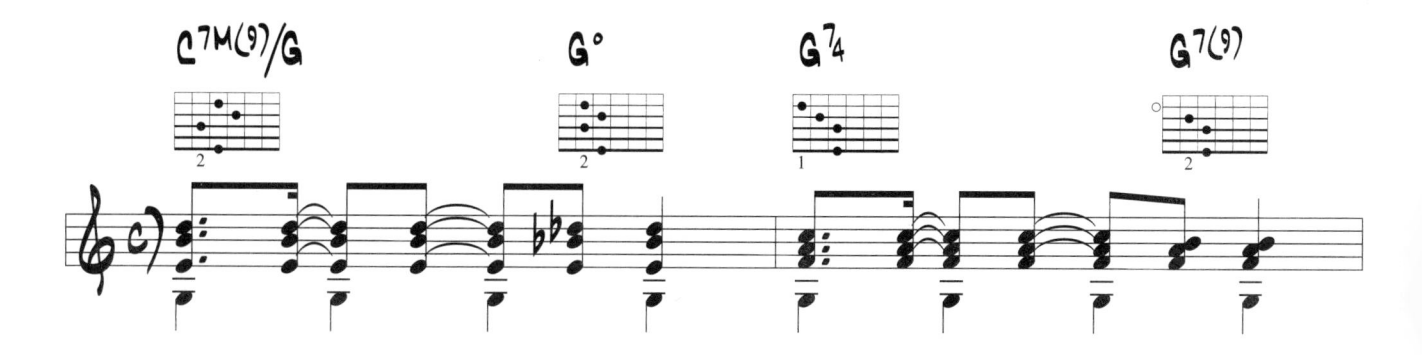

2. Variações:

Nesta seção, após cada variação você encontrará um ou mais exemplos musicais mostrando o padrão aplicado a uma progressão harmônica característica do frevo.

Cada uma das variações pode ser usada durante a música inteira ou você pode alternar entre as variações para criar um padrão novo.

Variação #1

Esta variação apresenta uma nova síncope no terceiro tempo.

Exemplo

Faixa 56

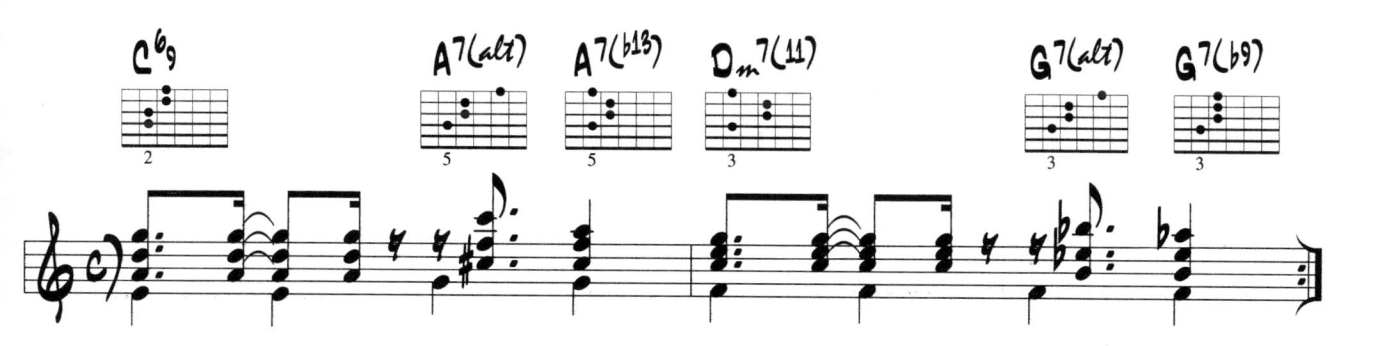

Frevo

Variação #2

Exemplo

Faixa 57

Dm7/A   Ab°

Cm7/G   Gb°

Variação #3

Exemplo

Faixa 58

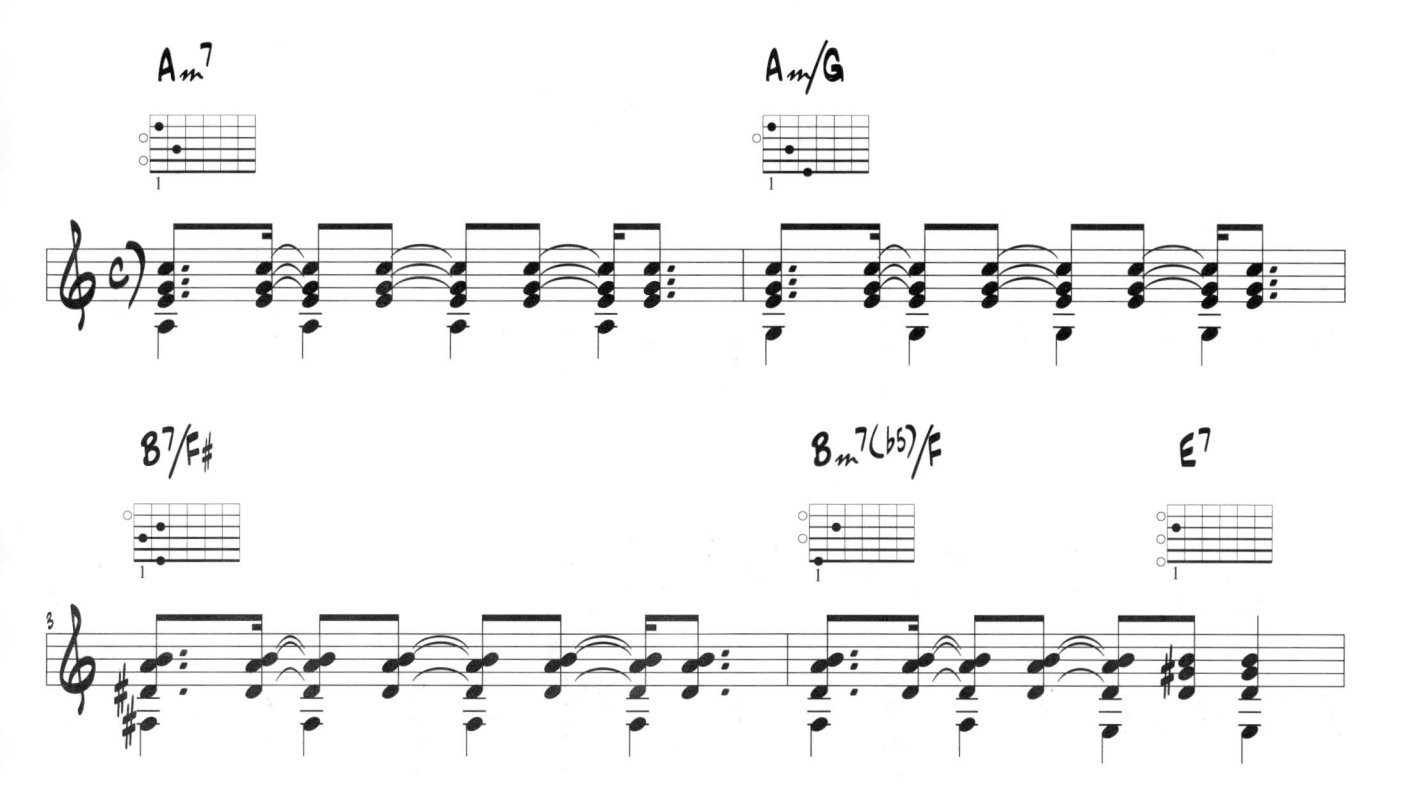

Variação #4

Este exemplo mostra um padrão tocando apenas os contratempos. Este padrão é bastante utilizado em retornos harmônicos.

Frevo

Exemplo 1

Este exemplo pode ser executado tocando em semicolcheias, abafando os tempos fortes com a mão esquerda.

Faixa 59

Exemplo 2

Neste exemplo, o padrão variação #4 é usado apenas no último compasso.

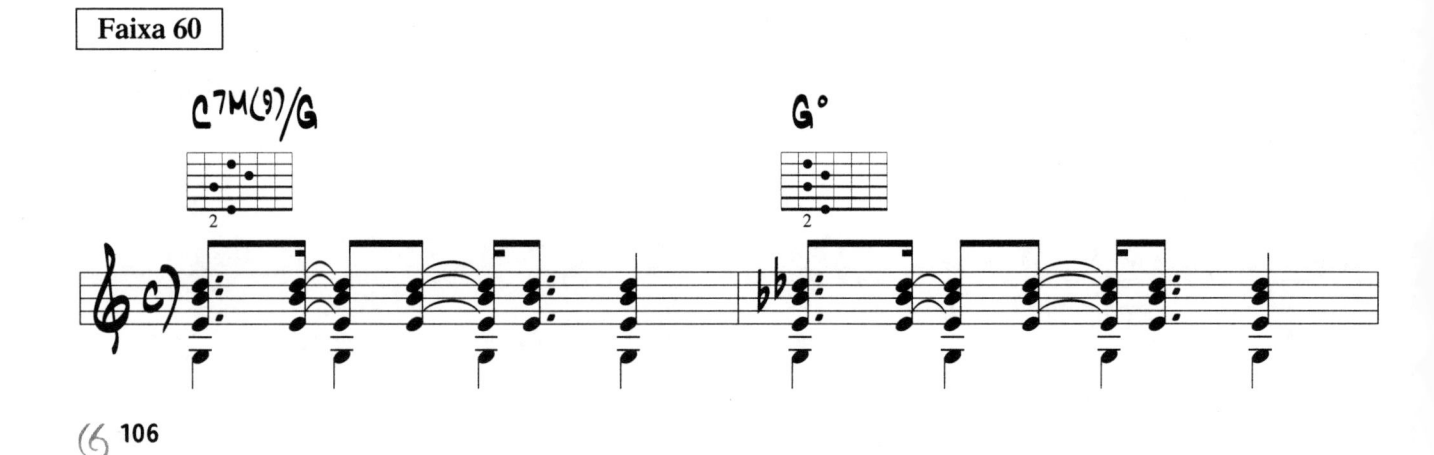

Faixa 60

Variação #5

Esta variação é um exemplo de marcha-rancho em compasso ternário.

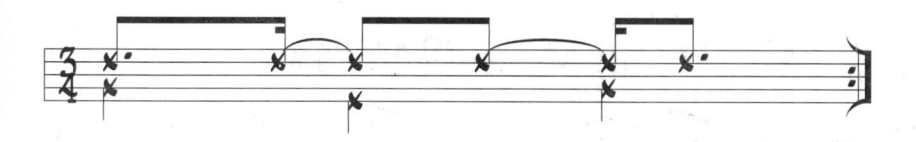

Exemplo

Faixa 61

Frevo

Ioiô

Nelson Faria

Faixa 62

Exemplo de Música

Copyright © by NELSON FARIA (100%)
Todos os direitos autorais reservados para todos os países.
All Rights Reserved. International Copyright Secured.

Os músicos que tocaram nesta faixa foram:
Nelson Faria - Violão
Adriano Giffoni - Contrabaixo
Rodolfo Cardoso - Bateria
Carlos Malta - Saxofones e flautas
Marco Lobo - Percussão
Hamleto Stamato - Teclados

Frevo

Exemplo de acompanhamento no frevo

Este exemplo é uma sugestão de acompanhamento para a música *Ioiô*.

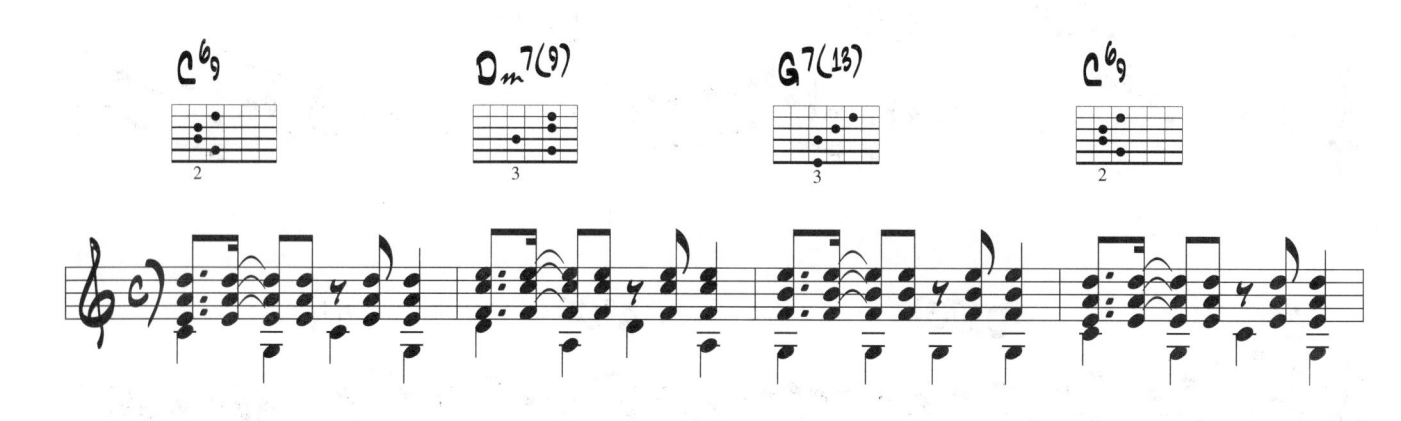

Faixa 63

Padrão Básico e Variações

Frevo

Exemplo de Acompanhamento

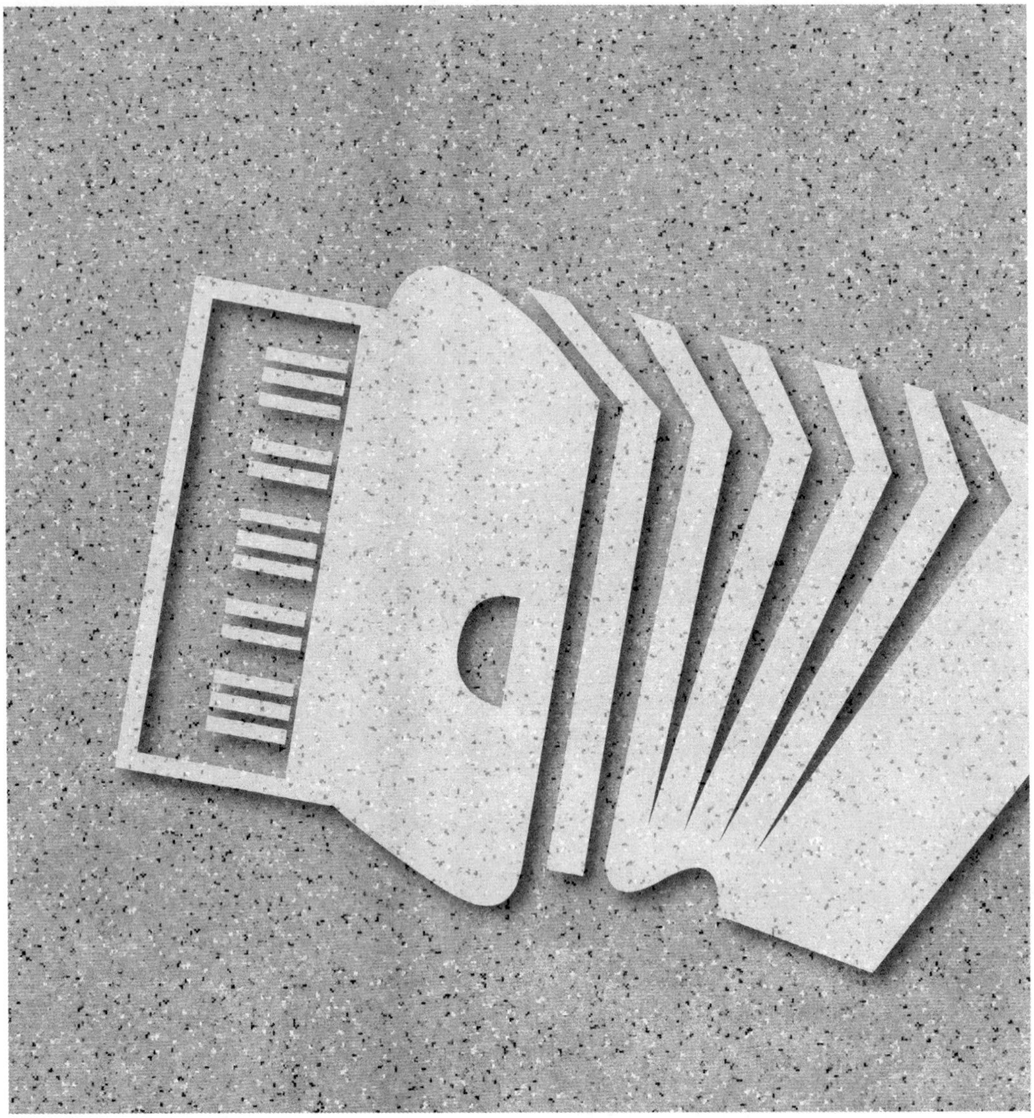

Baião

- Características Gerais
- Padrão Básico e Variações
- Exemplo de Música
- Exemplo de Acompanhamento

Baião

CARACTERÍSTICAS GERAIS:

Música tipicamente do nordeste brasileiro, mais especificamente do Ceará, Maranhão e Bahia, é derivada do folclore Bumba meu boi e se firmou como um estilo musical na década de 40.

A primeira composição no estilo foi *Baião* de Luiz Gonzaga e Humberto Teixeira.

Características Musicais

As melodias do baião são geralmente construídas sobre os modos mixolídio e lídio ♮7. Podem ser escritas nos compassos binário ou quaternário.

As harmonias são simples, sendo comum o uso de baixo pedal.

A instrumentação mais comum é a do trio nordestino, formado por sanfona, triângulo e zabumba.

Exemplos

Baião (Luiz Gonzaga / Humberto Teixeira)

Pro Zeca (Victor Assis Brasil)

O ovo (Hermeto Pascoal)

Padrão Básico e Variações

1. *Padrão básico:*

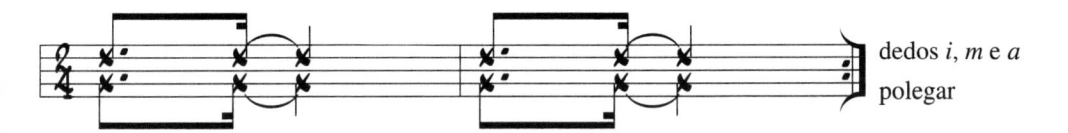

dedos *i*, *m* e *a*
polegar

Você também pode tocar o padrão com colcheias na linha do baixo:

dedos *i*, *m* e *a*
polegar

Exemplo

Faixa 64

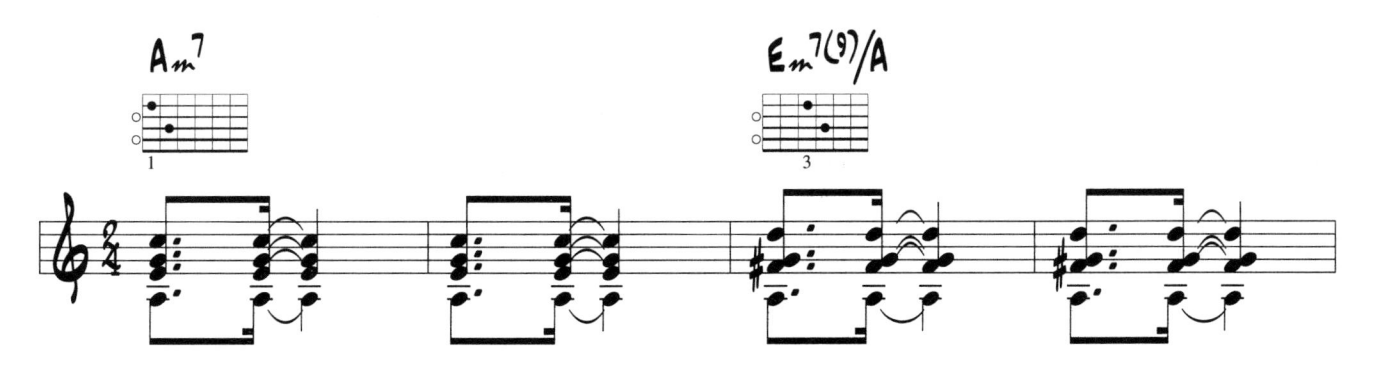

Am7   Em7(9)/A

Baião

2. Variações:

Nesta seção, após cada variação você encontrará um ou mais exemplos musicais mostrando o padrão aplicado a uma progressão harmônica característica do baião.

Cada uma das variações pode ser usada durante a música inteira ou você pode alternar entre as variações para criar um padrão novo.

Variação #1

Nesta variação, note o uso de semínimas na parte superior do padrão simulando o padrão rítmico do cowbell e o baixo tocando as síncopes.

Exemplo 1

Este exemplo mostra uma progressão típica no modo lídio ♭7.

Faixa 65

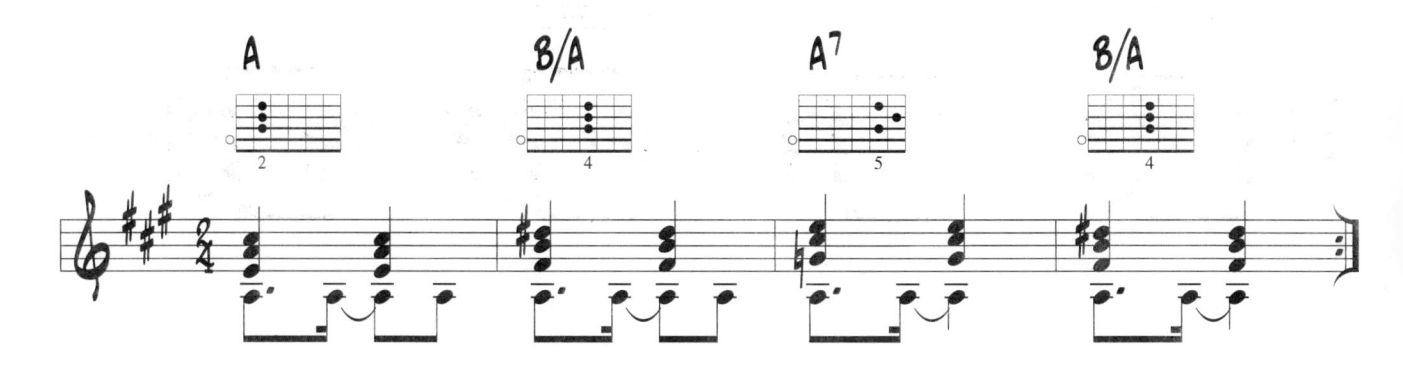

Padrão Básico e Variações

Exemplo 2

Este exemplo foi transcrito da música *Vera Cruz* (Milton Nascimento e Marcio Borges). Note o baixo sincopado em contraponto a linha superior tocada no tempo.

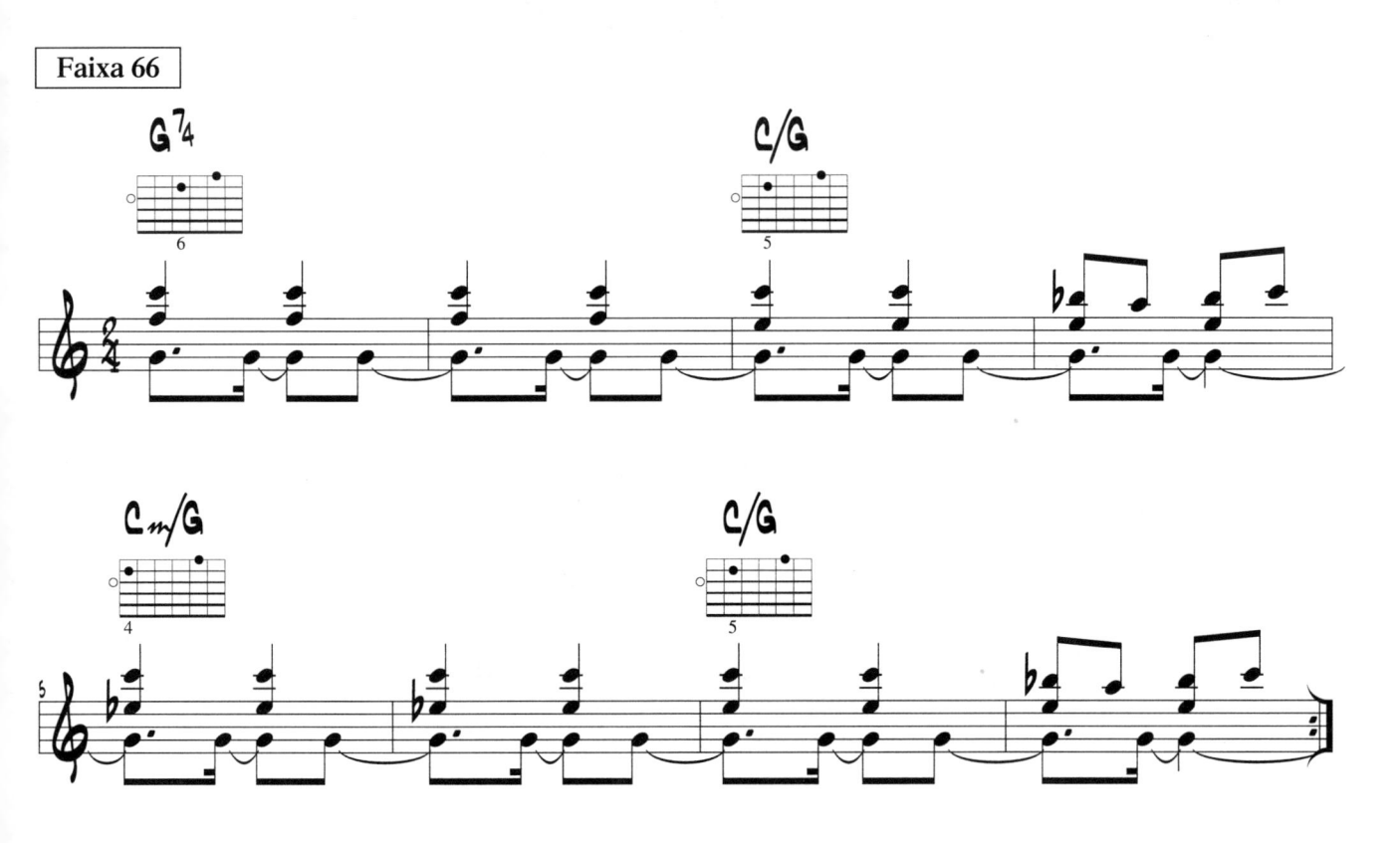

Faixa 66

Baião

Variação #2

Exemplo

Este exemplo é um clichê sobre o modo lidio ♭7, usando a corda G solta simulando um padrão do berimbau.

Faixa 67

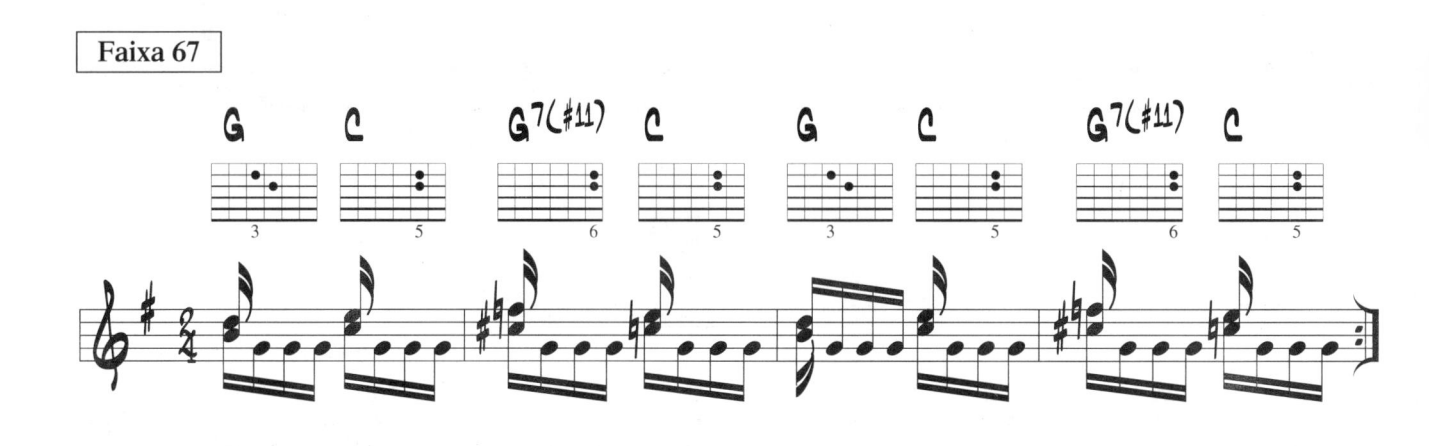

Variação #3

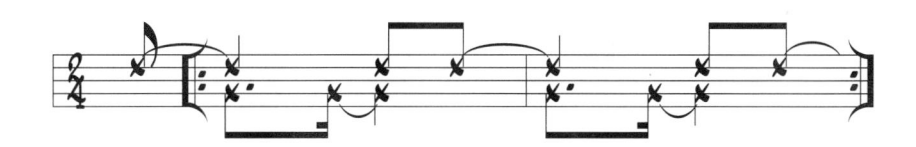

Exemplo

Faixa 68

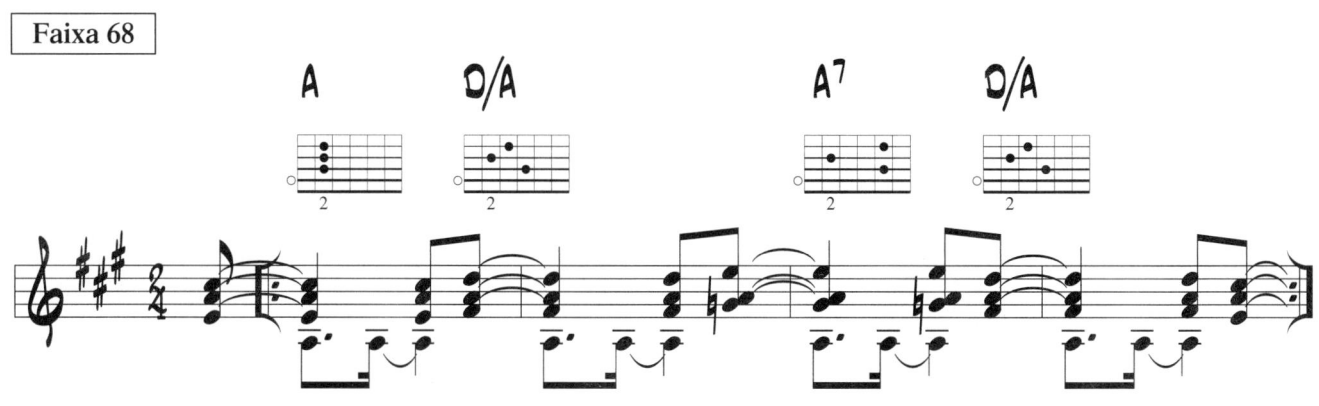

Variação #4

Este padrão demonstra o uso da técnica "Acordes Quebrados" onde o padrão rítmico é tocado em forma de arpegios.

Exemplo

Faixa 69

Baião

Variação #5

Note a síncope de colcheia no baixo, mostrando a proximidade entre o baião e a salsa.

Exemplo

Faixa 70

Variação #6

Exemplo

Faixa 71

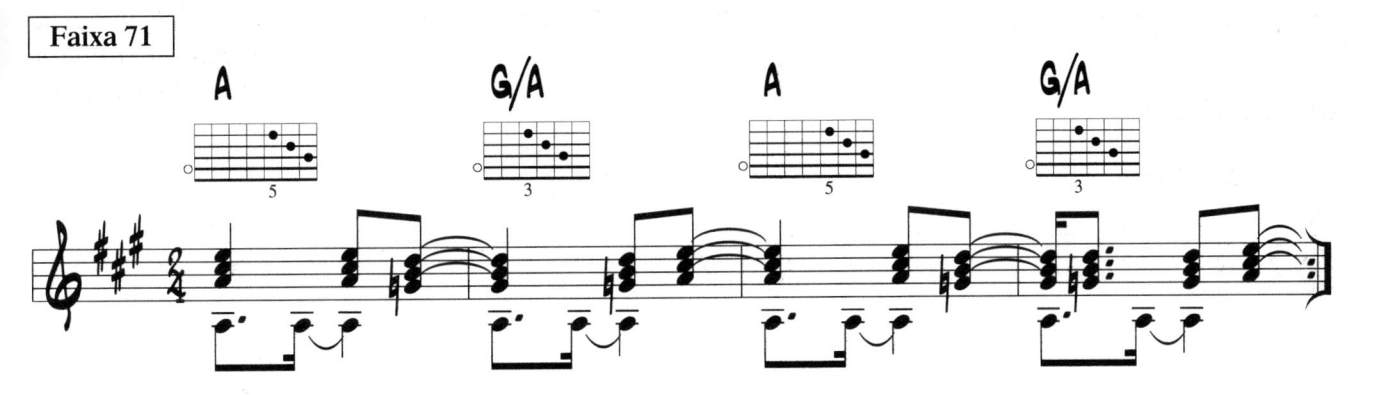

Variação #7

Exemplo

Faixa 72

Baião por acaso

Nelson Faria
Hamleto Stamato
Rodolfo Cardoso

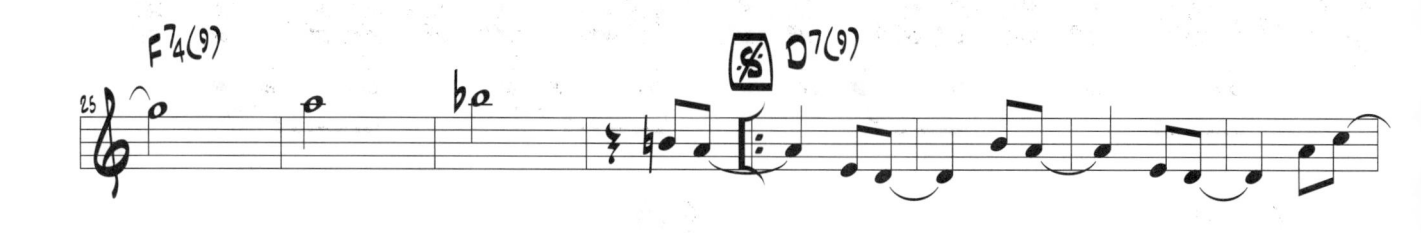

Exemplo de Música

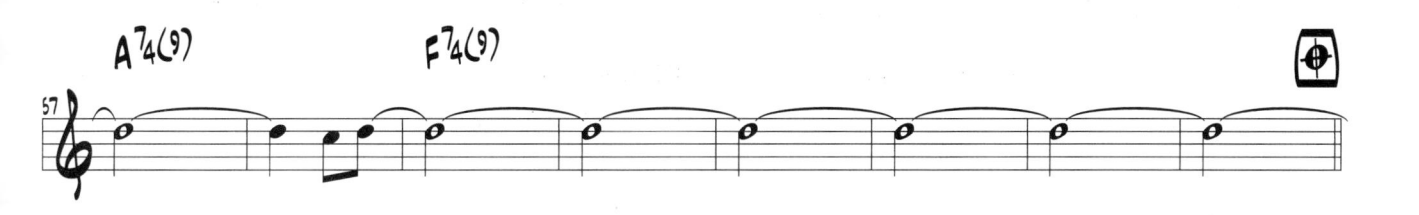

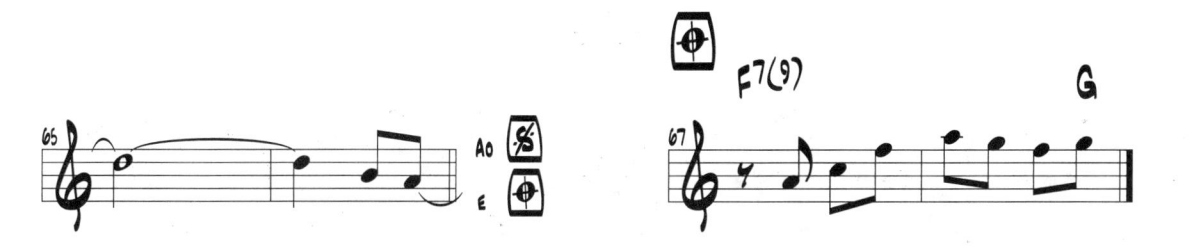

Copyright © by NELSON FARIA (100%)
Todos os direitos autorais reservados para todos os países.
All Rights Reserved. International Copyright Secured.

Os músicos que tocaram nesta faixa foram: Nelson Faria - Violão
Adriano Giffoni - Contrabaixo
Rodolfo Cardoso - Bateria
Sergio Galvão - Sax soprano
Marco Lobo - Percussão
Hamleto Stamato - Teclados

Baião

Exemplo de acompanhamento no baião

O exemplo a seguir é uma sugestão para o acompanhamento da música *Baião por acaso*.

Faixa 74

Exemplo de Acompanhamento

Baião

Exemplo de Acompanhamento

Baião

Bibliografia

Andrade, Mário — Dicionário Musical Brasileiro.
Editora Itatiaia Ltda. 1989.

Campos, Augusta de — Balanço da Bossa e outras bossas
São Paulo, Editora Percpectiva. 1978.

Caúrio, Rita — Brasil Musical
Rio de Janeiro, Art Bureau. 1988.

Lacerda, Regina — Folclore Brasileiro.
Rio de Janeiro, Funarte. 1977.

Mello, J. E. Homem de — Música Popular Brasileira.
Editora da Universidade de São Paulo. 1976.

Rocca, Edgard — Ritmos Brasileiros e seus instrumentos de percussão
Rio de Janeiro, Europa Editora. 1986.

Sadie, Stanley — The New Grove Dictionary of Music and Musicians
Macmillan Publishers Ltda. 1980.